예수께
인문을
묻다

기독교에 대한 궁금증 80문 80답

예수께
인문을
묻다

송광택 지음

강같은평화

머리말

　사전적 정의에 의하면 인문학은 인간과 인간의 문화에 관심을 갖는 학문 분야다. 그 개념은 라틴어 후마니타스^{Humanitas}에서 유래한다. 15세기 이탈리아의 인문주의자들은 세속적인 문예·학술 활동을 가리켜 '스투디아 후마니타티스$^{Studia\ Humanitatis}$'라고 했다. 그 후 인문학이 정체성을 확보하기 시작한 것은 19세기에 이르러서다. 인문학은 인간에 대한 학문이요, 인간성과 인간적인 것을 탐구하는 학문이라고 말할 수 있다.

　오늘날에는 인문과학을 자연과학뿐만 아니라 사회과학과도 구별해야 한다는 주장이 나오고 있다. 이에 따라 제2차 세계대전 이후 개편된 대학의 학제에서는 일반 교양과목을 인문과학·사회과학·자연과학으로 나누었는데, 다루는 학문 분야는 각 나라에 따라 다르다.

　전통적으로 인문과학에 속하는 분야는 역사학, 철학, 문학, 예술 등이다. 인문과학에서는 궁극적인 본질이나 보편적인 원리를 추구한다. 일반적으로 인문과학 분야의 책은 결코 쉽지 않다. 실용서와 달리

기본적인 독해력과 지성적 사고, 그리고 인내를 요구하기 때문이다.

근래에 인문학에 관한 관심이 두드러지게 나타나고 있다. 이제는 기독교 학문의 세계에서도 인문학에 눈을 돌리고 있다. 이러한 분위기 속에서 최근 '한국기독인문학예술원'(원장 송용구 교수)이 창립되기도 했다. 창립 취지문에는 다음 내용이 들어 있다.

첫째, 인문 고전과 성경의 통섭을 추구하는 크리스천의 학술 인생을 향유한다.

둘째, 세계의 고전과 명저를 깊이 있게 이해하는 과정 속에서 인문과학에 대한 폭넓은 지식, 글쓰기 능력, 신앙적 지성을 기른다.

셋째, 기독 신앙, 인문학(문학·역사학·철학·사회학 등)의 지식, 글쓰기 능력을 바탕으로 하여 한국 사회의 정신적 발전에 기여할 수 있는 신실한 실력자들을 길러낸다.

이제 한국 교회는 지정의知情意의 균형을 바탕으로 하여 생각하는 기독교인, 사유하는 기독 지성을 세워나가는 일에 관심을 가져야 한다. 제임스 사이어James Sire는 『기독교 세계관과 현대사상』에서, 세계관이란 이 세계의 근본적인 구성에 대해서 우리가 의식적으로든, 무의식적으로든, 일관적으로든, 비일관적으로든 견지하고 있는 일련의 '전제들'이라고 했다. 프란시스 쉐퍼는 우리 인류의 역사와 문명은 정신세계의 소산이며, 이 정신세계의 방향을 결정하는 것이 인간들이 가지고 있는 세계관이라고 말했다.

세계관은 일종의 패러다임이다. 세계관에는 의식·무의식적으로 존재의 근원에 대한 설명, 인간에 대한 설명, 악과 죄에 대한 설명, 악과 죄의 극복의 길에 대한 설명, 삶·문화·역사의 의미와 방향에 대한 설명이 포함되어 있다. 인문학은 우리 자신의 세계관과 우리 주변의 다양한 세계관을 이해하는 데 매우 중요한 정보를 제공한다.

역사상 오늘날만큼 복잡하고 다원화된 사회는 없었다. 삶의 현장에서 개인의 선택은 세계관에 기초하여 이루어진다. 나를 이해하고 우리가 속한 세계를 이해하기 위해서도 인문학은 중요한 의의가 있다. 인문학적 사고를 통해 우리는 사고의 지평을 넓힐 수 있고, 동료 인간을 심층적으로 이해할 수 있다. 특히 학문 간의 교류와 통섭이 강조되는 오늘날 기독교인도 당대의 문화와 사상 그리고 학문의 방향을 감지하기 위해 지성의 안테나를 세워야 한다.

이 책은 인문학에 관한 본격적인 학술서가 아니다. 가벼운 마음으로 펼치고 눈에 띄는 대로 읽을 수 있는 내용들이다. 하지만 이 글을 징검다리 삼아 더 넓고 깊은 사유의 세계, 인문학적 탐구의 마당으로 나아갔으면 한다.

부족한 사람에게 이 책을 쓰도록 기회를 준 강같은평화와 추천사를 써주신 분들, 바울의교회 공동체 식구들, 총신대학교 평생교육원 독서지도사 과정 수료생들, 그리고 사랑하는 가족에게 감사와 사랑을 전하고 싶다.

일산 글향기 도서관에서

추천의 글

기도하는 지성인을 위한 책 읽기

수많은 사람이 오늘날 인문학과 예수님 사이에서 극단적인 선택을 하고 있습니다. 믿음이 좋은 신앙인들은 인문학을 무시하고, 교회는 인문학적으로 무지합니다. 인문학을 '세상적인 것'이라고 매도합니다. 그런데 그 결과 '세상적인 것'들도 교회를 매도하고 있습니다. 서울대학교 종교학과에서 탁월한 종교학 훈련을 받았고 전체 수석으로 학부를 졸업한 김동환 목사님은 "내가 만난 실력 있는 사람들 가운데서 예수 믿는 사람을 보지 못했다"라고 고백합니다. 이것은 그들이 예수님을 떠나 인문학을 선택한 결과이기도 하겠지만, 그들의 존경을 입을 만한 실력 있는 신앙인이 없기 때문이라는 것이 김 목사님의 생각이고 또 저의 생각입니다.

교회 역사가인 마크 놀은 19세기 미국의 복음주의가 진화론과 과학주의에 빠져 세속화된 미국의 문화와 학문을 거부하고 무시했을 때 얼마나 불행한 결과가 일어났는지를 『복음주의 지성의 스캔들』이라는 책에서 리얼하게 보여주고 있습니다. 근본주의^{Fundamentalism}라고 불리는 이 기독교 운동의 결과로 오늘날 미국의 대학교와 문화계를 온통 무신론에 빠진 지성인들이 장악하고 있습니다.

오늘날 한국에서도 꼭 같은 일이 반복되고 있는 것 같습니다. 더 늦기 전에, 기도하는 지성인, 예수님께 인문학의 길을 묻는 신앙적 지성인들이 벌떼처럼 일어나게 되기를 기도합니다. 또 탁월한 지성인들이 정직하게 인문학의 한계를 인정하고 창조주 예수님을 만나는 기도의 자리에 앉게 되기를 기도합니다.

독서 운동과 책 읽기 지도를 통해 잔잔한 지성 운동을 펼치고 계시는 송광택 교수의 이 책은 이러한 신앙적 지성의 길에 활력을 주는 멋진 여행 가이드가 될 것입니다.

김성원 _ 서울신학대학교 교양학부 교수

추천의 글

예수의 눈으로 읽는,
인문학의 통합적 네트워크

독서 운동가이자 시인으로서 총신대학교 평생교육원의 독서지도사 교육을 강의하고 있는 송광택 목사님이 『예수께 인문을 묻다』라는 양서를 저술했습니다. 이 책은 서로 다른 학문 분야들끼리 소통의 접점을 찾아나감으로써 인문과학의 네트워크를 넓혀가고 있는 21세기 학문의 현대적 경향을 충실히 반영하고 있습니다.

그러나 저자는 단지 학문의 시류와 유행에 영합하려는 의도에서 이 책을 펴낸 것이 아닙니다. 예수 그리스도의 시각으로 문학, 철학, 역사학, 사회학, 심리학, 윤리학, 신학 등을 '통합적'으로 바라보는 인문학의 길을 열어갈 때에 지금의 한국 정치와 한국 사회를 '아름다운 인간의 정치'와 '인격적인 인간의 사회'로 발전시킬 수 있다는 신념으로부터 이 책이 태어났습니다.

이 책은 기독교 세계관으로 인문과학의 모든 분야를 해석하는 데 그치지 않습니다. 범종교적 시각과 일반론적 시각으로 바라본다고 해도 기독교적 시각에 어긋나지 않는 '보편타당한 통합적 교훈'을 인문과학의 모든 분야로부터 찾아내고 있다는 점에서 이 책의 가치를 높이 평가할 수 있습니다. 저자인 송광택 목사님은 각 대륙과 각 나라가 배출한 세계적 인문학자들과 사상가들의 정신세계를 예수 그리스도의 시각으로 재해석하는 가운데 고대에서부터 현대에 이르는 역사의 흐름 속에서 인문 정신의 발전 궤도를 추적하고 있습니다. 공간과 시간을 융합시키는, 즉 공시적空時的 관점과 통시적通時的 관점의 조화를 통하여 예수 그리스도의 정신과 인문 정신 사이의 접점을 찾고 있는 것입니다.

그러나 인문학의 관점으로 바라보면서도 저자의 시각은 인문학의 범주에 갇혀 있지 않습니다. 다른 책과 구별되는 이 책만의 고유한 가치를 바로 이 점에서 찾을 수 있습니다. 예수 그리스도의 정신과 소통할 수 있는 인문 정신의 렌즈로 기독교, 불교, 유교 등 다양한 종교를 투시하는 가운데 각 종교에게서 배울 수 있는 인문 정신의 가치를 가져오고 있습니다. 각 종교를 상호 비교하는 가운데 발견되는 인문 정신의 공통분모와 차이점을 보여준다는 점에서 이 책의 지식 창고는 매우 넓고 크다고 말할 수 있습니다. 인문 정신의 지고한 정점이자 총체적 종합인 예수 그리스도의 인문학적 렌즈로 '종교'를 비롯해 음악, 회화, 영화, 건축 등 인간의 문화를 총체적으로 탐색하고 있다는 것은 이 책의 지층知層 속에서 캐낼 수 있는 '통합적 인문학의 가치'입니다.

또한 이 책은 모든 독자를 향해 "어떻게 살아야 하는가?"의 질문과 함께 "인생의 어려운 문제들을 어떻게 풀 것인가?" 하는 과제를 안겨주고 있습니다. 그 과제를 해결할 수 있는 지혜의 보석을 인문학의 지층 속에서 스스로 캐낼 수 있도록 독자들의 눈길 속에 섬세한 해석의 빛을 비추어주고 독자들의 머릿속에 풍부한 지식의 광맥을 열어줍니다. 그러므로 『예수께 인문을 묻다』는 기독교인뿐만 아니라 무신론자들까지도 거부감 없이 쉽게 읽어가면서 자신의 인생을 돌아보고 새로운 비전의 길을 찾을 수 있는 범종교적 지혜서입니다. 본인은 인문학자이자 문학평론가의 입장에서 송광택 목사님의 저서 『예수께 인문을 묻다』를 독서 동산에서 만날 수 있는 신실한 지성의 생명나무로 이름 짓고 모든 독자에게 추천합니다. 감동, 지식, 각성, 교훈, 비전이라는 다양한 열매들을 이 책의 나무로부터 추수할 일이 기다려집니다. 추수꾼은 바로 독자 여러분입니다.

송용구 _ 시인 · 문학박사 · 고려대학교 독일어권문화연구소 교수

추천의 글

깊고 넓은 스펙트럼의 사유, 하나님의 관점

송광택 목사님의 글에는 넓은 스펙트럼을 가진 인문학과 진심이 담겨 있습니다. 무엇보다도 세상을 바라보는 시선이 깊고 사람을 향한 시선도 깊어 우리에게 풍경 너머의 풍경을 보여줍니다. 그것은 다름 아닌 하나님의 사랑으로 비롯된 역량일 것이요, 역사성일 것입니다. 많은 독서를 통해 길어 올린 목사님의 철학적 사유는 우리에게 방향을 제시하고, 실존적 문제를 헤쳐갈 독법도 제공하며, 때때로 명쾌하게 대답할 수 없는 질문을 던지기도 합니다. 심지어는 삶에 대한 대답으로 보이는 것조차 그 속에 무수한 질문을 감추고 있으며, 그 질문 속에는 주관으로도 객관으로도 치우치지 않는 절대 정신의 침묵이 있습니다. 그 침묵은 형용할 수 없는 힘으로 우리를 이끌고 위로합니다.

『예수께 인문을 묻다』는 하나님의 눈으로 삶의 본질을 바라보려는 목사님의 끈질긴 노력이 우리에게 준 값진 선물입니다.

이철환 _ 소설가 · 『위로』, 『연탄길』 저자

추천의 글

스펙보다 중요한 인문적 교양, 지성적 내공

사방에서 인문학의 바람이 불고 있습니다. 지도자의 자질 중에 인문 고전에 관한 소양이 다시 강조되고 있습니다. 동서양을 막론하고 영향력 있는 지도자는 인문학적 교양을 갖춘 인물들입니다. 이제 스펙보다 중요한 것은 인문적 교양으로 무장한 지성적 내공입니다.

이런 시대적 요청 속에서 송광택 목사의 『예수께 인문을 묻다』는 크리스천 평신도와 지도자를 위해 인문 교양의 길로 안내하는 나침반이 될 것입니다.

20년 가까이 독서의 중요성을 한국 교회에 알린 북 리더book-leader 요 독서 멘토인 저자의 지적 담험을 따라가다 보면, 우리의 지성을 풍요롭게 하는 인문의 숲 속으로 안내받을 것입니다. 양서의 출간에 응원의 박수를 보냅니다.

강정훈 _ 늘빛교회 목사 · 동화작가 · 월간 『교사의 벗』 발행인

추천의 글

맛있는 80개의 알곡 같은 질문과 명쾌한 해설

"사람이 빵으로만 사는 것이 아니라 하나님의 인문으로 살리라"고 송광택 목사님은 강조합니다. 물론 사람이 인문으로만 사는 것이 아니라 하나님의 말씀으로 살리라는 메시지로 우리의 안과 밖을 온통 휘젓고 다니시기도 합니다.

진리는 단순하고 심오하면서도 쉽게 이해되어야 합니다. 상식이라는 수준을 넘어서도 안 됩니다. 모든 글은 우리 영혼의 살과 뼈가 되게 합니다. 인문학은 유행이라는 바람을 타고 날아다니는 풍선이 아닙니다. 우리가 밥처럼 먹어야 하는 양식인 것입니다.

우리의 뼈마디처럼 목사님의 글은 그 구성이 탄탄하게 연결되어 있습니다. 맛있는 80개의 알곡 같은 질문과 명쾌한 해설은 우리를 건강하게 해줍니다. 가려운 곳은 긁어주고 아픈 곳은 싸매줍니다. 부패한 곳은 아프지만 도려내어 풍성한 삶과 즐거운 삶을 살도록 수술해주는 영적 정형외과 의사의 모습도 볼 수 있습니다.

인문이 없는 진리의 입문이나 삶의 도전은 가능하지 않습니다. 깊은 진리에 뿌리를 내리고 있는 송 목사님의 글은 우리의 마음을 잔잔한 물가로 인도하여 쉬게 하는 푸른 초장입니다. 기독교와 인문의 연결을 견고히 하고픈 독자 분들께 추천합니다.

이재환 _ 선교사 · 컴미션 Come Mission 국제 대표

차례

머리말 —— 5
추천의 글 —— 8

기도하는 지성인을 위한 책 읽기 김성원
예수의 눈으로 읽는, 인문학의 통합적 네트워크 송용구
깊고 넓은 스펙트럼의 사유, 하나님의 관점 이철환
스펙보다 중요한 인문적 교양, 지성적 내공 김정훈
맛있는 80개의 알곡 같은 질문과 명쾌한 해설 이재환

1	성경을 문학적 텍스트로 본다면 어떠할까?	—— 23
2	『서유기』가 전하는 메시지는 무엇인가?	—— 26
3	셰익스피어는 세계의 문화에 어떤 영향을 끼쳤나?	—— 29
4	오피니언 리더가 존경하는 조선의 지식인은 누구인가?	—— 32
5	찰스 스펄전은 세 살 때 무엇을 읽었는가?	—— 35
6	시는 사랑받을 가치가 있는가?	—— 38
7	왜 연암은 한국의 괴테인가?	—— 41
8	인문 고전을 읽으면서 던져야 할 질문은 무엇인가?	—— 44
9	왜 때때로 천천히 읽어야 하는가?	—— 47
10	능동적으로 읽으면 어떤 변화가 일어나는가?	—— 50

11	왜 현재의 60퍼센트는 과거요, 40퍼센트는 미래인가?	52
12	왜 대학 경쟁력이 국가 경쟁력인가?	55
13	베네딕트는 왜 몬테카시노에 갔나?	59
14	십자군 원정은 무엇을 바꾸어놓았나?	62
15	교회사를 아는 것이 왜 중요한가?	66
16	왜 불국사 경내에서 돌 십자가가 발견되었나?	68
17	왜 인류의 역사는 배(선박)의 역사인가?	71
18	청교도는 금욕주의자였나?	74
19	초대교회 박해의 원인은 무엇인가?	77
20	중세는 암흑의 시대였나?	80
21	콘스탄티누스 황제는 최초의 기독교인 황제였나?	83
22	『홍길동전』을 쓴 허균은 조선 최초의 기독교인인가?	86
23	공자가 죽어야 나라가 사는가?	89
24	동양 사상과 서양 사상은 만날 수 있는가?	93
25	일관성 있고 통일된 삶을 위해 무엇이 필요한가?	96
26	인간과 동물의 결정적인 차이는 어디에 있는가?	99
27	인간은 왜 알고자 하는가?	103
28	왜 세계는 전쟁을 멈추지 않는가?	106
29	왜 세계의 절반은 굶주리는가?	109
30	철학은 기독교의 친구인가 적인가?	112

31	포스트모더니즘은 기독교의 아군인가, 적군인가?	115
32	그리스도인에게 문화란 무엇인가?	118
33	당신은 오늘 무엇을 먹었는가?	121
34	대중음악, 어떻게 보아야 하는가?	125
35	미술은 어떤 세계관을 보여주는가?	128
36	밸런타인데이는 기독교와 관련이 있는가?	131
37	신화는 어떤 의미를 가지고 있는가?	134
38	영화를 보고 묵상할 수 있는가?	137
39	크리스마스 캐럴은 어떤 의미를 가지고 있는가?	140
40	하나님은 축구를 좋아하실까?	143
41	헨델의 〈메시아〉가 연주될 때 왜 청중이 일어서야 하는가?	145
42	한국의 전통문화 중에서 우리가 보존해야 할 것은 무엇인가?	147
43	나는 까다로운 사람인가?	149
44	그리스도 안에서 나는 누구인가?	152
45	왜 우리는 격려에 굶주려 있는가?	155
46	스포츠웨어는 왜 빨강과 파랑이 많은가?	158
47	왜 남자와 여자는 서로 끌리는가?	161
48	성공한 사람들의 매력은 무엇일까?	164
49	웃음은 왜 전염되는가?	167
50	음악은 어떻게 우리의 영혼을 달래주는가?	170

51	십계명, 오늘 우리에게 무엇을 말하는가?	— 172
52	왜 고문이 사라지지 않는가?	— 174
53	식물들은 어떤 작곡가를 선호하나?	— 177
54	교회는 '안전한 피난처'인가?	— 180
55	의료 선교사 알렌은 명성황후 시해 사건 때 무엇을 했나?	— 182
56	누가 성경을 영어로 번역했나?	— 185
57	그때 소래에서는 무슨 일이 있었나?	— 188
58	왜 모세는 CEO인가?	— 190
59	한국에서의 첫 개신교 순교자는 누구인가?	— 193
60	어떻게 깡패 김익두가 한국의 무디가 되었나?	— 196
61	누가 구세군을 창설했나?	— 198
62	어떻게 하나님의 뜻을 알 수 있는가?	— 201
63	강화 홍의교회 교인들은 왜 개명했나?	— 204
64	기독교와 불교의 차이는 무엇인가?	— 207
65	아홉 가지 영성이란 무엇인가?	— 210
66	13일의 금요일을 나쁜 날로 여기는 이유는 무엇인가?	— 213

01
성경을 문학적 텍스트로 본다면 어떠할까?

■   문학은 배고픈 거지를 구할 수 없을지라도 배고픈 거지가 존재한다는 사실을 알게 하고, 다른 사람의 굶주림이 결코 나와는 무관하지 않다는 상관관계를 보여준다. 이를 통해 문학은 부끄러움을 느끼게 하고, 행동의 변화를 촉구하게 만든다. 『기독교와 문학』의 저자 리런드 라이켄은 문학의 기능에 관해 "문학 작품은 삶의 한 선택적 측면으로 우리의 생각을 집중시켜서 그것에 대한 우리의 이해를 분명하게 해주는 것"이라고 했다.

문학은 인간 체험의 표현이다. 문학의 기능 가운데 하나는 체험을 재창조하는 것이다. 작품을 통해 삶의 다양성을 대리 체험함으로써 독자는 인생을 높게 넓게 그리고 깊이 받아들인다. 이 과정에서 우리는 변화되고 주변과 사람들에 대한 각성된 의식을 갖게 하며, 인류가 간직한 기쁨과 슬픔, 그리고 고뇌와 환희에 참여할 수 있도록 해 준다. 문학은 또한 위대한 주제나 사상에 대해 사고하도록 돕는 촉매 역할을 한다.

그렇다면 문학으로 무엇을 할 수 있는가? 작가들의 생각은 어떠할까? 강원도 양양 출생의 소설가 이경자는 작품이 독자의 것이므로 어떻게 읽힐까를 한순간도 잊지 않고 쓴다고 했다. 또한 일차적으로 작가 자신이 현재 소속된 공동체의 삶의 질을 높이는 데 복무해야 하고, 이러한 작가의 노력은 궁극적으로 '사람에 대한 끝없는 사랑'의 표현이며, 작가와 작품은 일심동체라고 믿는다.

소설가 최일남은, 아름다운 문장은 손끝에서 나오는 것이 아니라고 한다. 그 이전에 확보한 세계 인식의 깊이와 진실에 한 발짝이라도 근접하려는 노력의 산물이라는 것이다. 또한 작가란 햇볕 받지 못하는 사람들, 즉 응달 쪽에 시선을 두는 것이 작가로서의 책무라는 생각이다.

시인 김용택은 섬진강 강길을 따라 걸으며 시심을 키웠다. 계절의 변화는 늘 그에게 새로움과 감동을 주었다. 그가 겪은 바로는 시는 절망스럽고 고통스럽고 배고픈 데서 태어난다. 그는 자신이 겪은 이야기를 가감 없이 정직하게 표현하려고 한다. 그의 삶만큼 쓰고 싶다는 소망이 있다.

성경을 문학적 텍스트로 본다면 어떠할까? 문학적 측면에서 볼 때도 성경의 위치는 특별하다. 성경의 언어와 상상력 그리고 문학적 장치들은 작가들에게 영향을 미쳐왔다. 이미 많은 저자와 작가가 성경의 주제를 작품의 모티프로 삼았다.

구약성경의 영향을 받은 허먼 멜빌의 『모비 딕』은 요나서의 스토리를 인용하고 있다. 내용 중 선원들을 위한 목사의 설교 내용에 요나서를 인용하기도 하고, 소설 도입 부분에도 역시 요나서를 떠올리는 고래와 관련된 구절들이 여러 부분 나온다.

존 스타인벡의 『에덴의 동쪽』에서는 성경 속 카인과 아벨 이야기를 연상할 수 있다. 말하자면 인류 최초의 형제 살인에 대한 내용을 담고 있다는 점이다. 물론 칼렙과 아론으로 바뀌고 설정에 있어서 분명한 차이가 있지만, 스토리텔링이 형제간의 불화, 그리고 용서와 화해를 다루고 있다. 뿐만 아니라 창세기 중 선악과를 따먹은 아담과 이브가 에덴동산에서 쫓겨나는 장면을 모티프로 한, 존 밀턴의 대서사시 『실낙원』을 들 수 있다.

성경을 문학적 텍스트로 읽는 것은 성경에 대한 불경이 아니라 성경 읽기의 한 방법이다. 성경에서 하나님의 뜻을 찾고 하나님의 마음을 읽고자 한다면 독자로서 우리는 문학적 상상력을 사용해야 한다. 뿐만 아니라 성경을 맛깔나게 해주는 상징과 다양한 문학적 장치를 이해할 필요가 있다. 이러한 접근은 성경의 내밀한 메시지에 접근하는 공감적 이해의 한 방법이 아니겠는가.

02
『서유기』가 전하는 메시지는 무엇인가?

■   『서유기』는 17세기 영국의 작가이자 침례교 설교가인 존 버니언의 작품 『천로역정天路歷程, Pilgrim Progress』을 떠올리게 한다. 그리스도인이 멸망을 앞두고 장망성을 떠나 하늘나라로 향하는 과정인 『천로역정』은 수다쟁이, 게으름, 허영, 그리스도인 등의 등장인물이 우화 형식으로 전개해가고 있다는 점에서 더욱 그러하다. 해학과 풍자의 재미와 진지한 구도의 상징성이라는 면에서 대별되기는 하지만.

『서유기』는 손오공 일행이 온갖 역경을 극복한 후 당나라로 돌아오는 과정에서 드러나는 심리, 미완성의 인격체가 내면의 욕망과 갈등을 다스려서 온전한 사람으로 거듭나는 과정을 풍유적으로 보여준다.

'거듭나다'는 신약성경 요한복음 3장 3절, 3장 7절, 베드로전서 1

장 23절에는 born again으로 기록되어 있으며, 베드로전서 1장 3절에는 new birth로 기록되어 있다(NIV 참고).

오늘날에도 『서유기』가 즐거움과 감동을 주는 이유는, 근원적으로 『서유기』의 구조가 신화적 원형에 뿌리를 두고 있기 때문이다. 신화 속 괴물은 인간 본래의 모습이라는 말이 있다. 그래서 삼장법사와 손오공, 사오정, 저팔계의 이야기가 현대인의 상징과 비유로서 카타르시스적 캐릭터로 자리 잡은 것은 아니었을까.

명나라 때 고전이자 동양 판타지 『서유기』는 유불선儒佛仙의 가르침을 큰 줄기로 삼고 민간설화를 비롯한 여러 이야기를 덧붙여 선비 오승은에 의해 완결된다. 시대적 배경 탓인지 부패한 사회상과 인물들을 패러디했다는 점에서 실천적인 깨달음을 전하고 있다.

『서유기』는 일종의 모험담이다. 손오공, 저팔계, 사오정, 삼장법사, 그리고 삼장법사가 타고 다니는 용마가 등장한다. 처음에는 각각의 이야기가 따로 있었으나 나중에 합쳐진 것으로 추정된다. 각각의 이야기가 모아져 소설화된 것은 약 600년 전으로, 이때 사람이 아닌 동물, 즉 불교에서 현인으로 받아들여지는 동물들로 이야기가 구성되게 된다. 이 동물들이 삼장법사와 함께 인도를 거쳐 중국으로 돌아오면서 각종 요괴를 만나 겪는 모험이 펼쳐진다. 지도상으로 보면 이들의 행로는 상당히 멀고 험난한 길이었다.

용감하나 불같은 성격의 손오공, 탐욕스러운 저팔계, 우직한 사오정, 독실한 삼장법사가 서역으로 여행을 떠나는데, 81가지 재난을 극복한 후에 불경을 구해 돌아와 성불한다. 즉 거듭나는 것인데, 삼장법사가 천축국으로 불경을 구하러 가는 길은 오늘날의 실크로드다.

당나라의 수도 장안에서 시작하여 란저우蘭州를 거치고 허시훼이랑河西回廊을 가로질러 돈황과 투르판, 타클라마칸 사막, 파미르 고원, 중앙아시아 초원, 이란 고원을 지나 지중해로 이르는 길이다. 투르판의 화염산은 실제로 여름철에는 55도까지 기온이 올라간다고 한다. 삼장법사가 고난을 고백할 만하다. 이처럼 중국에서 서역으로 가는 길은 모래사막과 고원의 연속으로 몹시 험난한 여정이었다. 당 태종 당시 교통수단이라야 말을 타는 정도였으니 두말할 나위가 없다.

『서유기』와의 첫 대면은 초등학교 때다. 추석 선물로 아버지께서 주신 책인데, 우화적 캐릭터가 단연 돋보였던 『서유기』는 어린 나의 호기심을 자극하기에 충분했다. 하지만 오늘날에도 내게 『서유기』는 버라이어티하다. 줄거리는 단순하나 이야기의 재미와 감동의 스케일이 크기 때문이다. 우화적 콘셉트에 실제적 고증을 적용하면 그 재미가 더하다.

03
셰익스피어는 세계의 문화에 어떤 영향을 끼쳤나?

■ 　　중세와 근대 사이인 14~16세기는 그동안 팽배했던 기독교 세계관의 약화와 새로운 사유가 등장하던 시기다. 삶이란 죄에서 구원받기 위한 과정이며 영생을 위한 준비에 불과했으므로 하나님을 향하는 일이 주요했으나, 르네상스 이후 서구의 세계관이 신 중심에서 인간 중심으로 바뀌면서 내세가 아닌 현세적 삶에 초점이 맞춰졌다.

서유럽 문명사에 나타난 문화 운동인 르네상스, 과학의 발달과 신항로의 개척, 종교개혁을 계기로 막이 오르면서 언어와 문학에 있어서 통합적 경향이 나타났다. 보편언어인 라틴어가 중세 말기부터 달라지기 시작한 것이다.

그 중심에 셰익스피어가 있었다. 중세기적 종교관에서 벗어나 인본주의를 담은 셰익스피어의 작품은 영국 문학의 꽃이라고 할 것이다. 이 무렵 단테 알리기에리Dante Alighieri는 이탈리아어로 『신곡』을 썼고, 영국의 제프리 초서Geoffrey Chaucer는 『캔터베리 이야기』를 영어로 썼다. 이후 마르틴 루터Martin Luther는 독일어로 『신약성서』를, 영국의 윌리엄 셰익스피어William Shakespeare는 영어로 수많은 작품을 발표하게 된다. 『햄릿』은 근대 영국 문학의 기초를 확립했다.

셰익스피어는 영미권 작가 중 가장 잘 알려져 있으나, 세례 일과 결혼 일을 제외하면 기록으로 남아 있는 것이 그다지 없다. 그래서 그에 대해 '베일에 싸인 위대한 극작가'라고도 불린다. 토머스 칼라일은 "영국이 인도 제국을 잃을지라도 셰익스피어를 포기할 수 없다"라는 유명한 말을 한 적이 있다. 『영웅숭배론』에 나오는 토머스 칼라일Thomas Carlyle의 이 말은 인도나 인도인을 폄하하려는 것이 아니라, 단지 '경제적 가치'보다 '정신적 가치'가 더 중요하다는 뜻을 강조하려는 것이었다. 물론 영국의 식민지였던 인도의 과거사를 생각해보면 오해의 여지가 있는 표현이긴 하다.

셰익스피어의 작품은 숭배자 혹은 비판자들에 의해 끊임없이 편집·개작되었으며 또한 재해석되었다. 그뿐만이 아니다. 셰익스피어의 희곡들은 연극으로 공연되었을 뿐 아니라 음악, 미술, 무용, 심지어 최첨단 예술 장르인 영화로도 변형되었다.

그러나 모든 사람이 그를 흠모하는 것은 아니다. 그를 삐딱한 시각에서 보기도 한다. 박홍규 교수는 『셰익스피어는 제국주의자다』를 출간하기도 했다. 이 책의 부제는 '박홍규의 셰익스피어 다시 읽기'인데, 셰익스피어의 작품의 기저에 나타난 '근대 제국주의 이데올로기'를 분석했다.

그의 희곡들이 오리엔탈리즘적 차별과 멸시로 가득 차 있음을 지적하고 제국주의적 침략과 지배를 합리화하는 작품들을 비판적으로 검토했다. 『오셀로』에서 흑인 차별을, 『베니스의 상인』에서 유대인 차별을, 『안토니와 클레오파트라』에서 오리엔탈리즘적 차별의 키워드를 찾아내며 셰익스피어 희극의 다시 보기를 시도한다. 이는 셰익스피어 문학, 나아가 서양 문화를 어떤 관점에서 수용할 것인가 하는 논의로 이어진다. 그러나 셰익스피어를 제국주의자, 출세주의자, 또는 어용작가로 몰아붙이는 비판은 눈길을 끌면서도 지나친 면이 없지 않다.

셰익스피어는 53세인 1616년 4월 23일 사망하여 고향의 홀리 트리니티 교회에 묻히게 된다. 그의 흉상 아래에는 다음과 같은 글귀가 새겨져 있다.

"판단은 네스토르Nestor, 그리스 신화에 나오는 영웅와 같고, 천재는 소크라테스와 같고, 예술은 버질과 같은 사람. 대지는 그를 덮고, 사람들은 통곡하고, 올림푸스는 그를 소유한다."

04
오피니언 리더가 존경하는 조선의 지식인은 누구인가?

■ 유홍준의 『나의 문화유산답사기』를 펼치면 남도 답사 1번지로 꼽혔던 전라남도 강진을 찾아가는 이야기를 만나게 된다. 다산茶山 정약용鄭若鏞의 유배지를 찾아가던 저자는 이 나라의 오피니언 리더들이 존경하는 조선 시대의 인물은 누구일까, 라는 질문을 던진다. 그리고 자문자답하듯이 아마 다산일 것이라고 말한다.

다산 정약용은 1770년대 후반, 천주교 서적을 접하면서 그 진리에 매료되고, 형 약전과 함께 한성(지금의 서울)으로 올라가는 배 안에서 이벽李蘗과 천주교에 관해 토론을 벌이기도 하며, 1784년에는 수표교에 있는 이벽의 집에서 세례를 받는다. 신유박해로 체포된 다산은 천주교를 부인하고 권철신, 황사영 등 교회 지도자들을 고발하나 결국 강진으로 유배의 길을 떠나게 된다.

강진에서 18년간의 유배 생활을 시작하면서 여유당與猶堂이라고 호를 정한 다산. 이는 자신의 형 약종과 매부 이승훈이 순교의 길을 택했으나 자신은 이러지도 저러지도 못한다는 뜻의 '여유당'이라고 함으로써 배교의 부끄러움을 대신한 것이다. 그것이 하나님의 섭리였을까. 강진에서 그는 『목민심서』, 『경세유표』, 『흠흠신서』 등을 집필한다.

유배가 풀려 한성으로 돌아온 다산은 굳건한 신앙의 태도를 보인다. 배교에 대해 회개한 다산은 외부와는 단절한 채 묵상과 기도로 살아가면서 『조선복음전래사』를, 박해로 순교한 동지들의 유고인 『만천유고蔓川遺稿』를 집필한다. 특히 『만천유고』에는 이벽의 「천주공경가」, 「성교요지」와 같은 글들이 있다.

10여 년 전 동네 서점에 잠시 들렀다가 『유배지에서 보낸 편지』를 만났다. 이 책은 다산 정약용이 유배지 강진에서 아들과 형님, 제자들에게 보내는 편지 모음집이다. 『유배지에서 보낸 편지』에서 그는 두 아들과 제자들에게 항상 학문에 힘쓸 것을 당부한다. 당시의 양반들이 과거를 보기 위해 공부하던 것과는 달리, 진정한 학문의 의미를 깨닫고 학문의 길을 걸어 나갈 것을 당부하며 읽어야 할 책을 추천하고 학문의 방법을 가르쳐주고 있다. 그러면서 깨끗한 선비로 살아가기 위해 농사와 누에치기를 권하여 청렴하게 살고, 부지런하고 검소한 태도를 갖추도록 권한다.

정약용은 다방면에 걸친 지식을 자랑하던 근대적인 지식인이자 사상가로 실학 정신을 집대성한 인물이다. 실학 정신이란 올바른 실용 지식에 대한 정보가 우선시되는 것이기에 그는 과학적이고 합리적인 지식의 축적을 위해 독서를 하고 기록했다.

다산에 따르면, 학문을 하는 세 가지 자세는 바른 행동, 바른 말, 밝은 얼굴이다. 그는 시험 위주의 공부에 대해서도 비판했다. 총명하고 재능이 있는 이들을 일률적으로 과거라는 격식에 집어넣는 교육 제도는 개성을 짓밟아 서글프다고 했다.

다산에게는 두 아들이 있었다. 아버지 정약용은 유배를 떠나고 약종 큰아버지는 대역 죄인으로 참수당하니 어린 이들이 감당하기에는 너무 큰 사건이었다. 각각 열아홉 살, 열여섯 살로 한창 과거 준비에 열중할 나이였으나 대역 죄인의 자손은 과거를 볼 수 없었다.

이런 두 아들의 심정을 헤아린 다산은 유배지에서 편지를 보낸다.

절대로 좌절하지 말고 더욱 정진하여 책 읽기에 힘써라. 출셋길이 막힌 폐족이 글도 못하고 예절도 갖추지 못한다면 어찌 되겠느냐. (……) 내 귀양 사는 고통이 몹시 크긴 하지만, 너희들이 독서에 정진하고 몸가짐을 올바르게 하고 있다는 소식만 들리면 근심이 없겠다.

정약용은 독서를 세상에서 가장 좋은 것으로 보았다. "오직 독서 이 한 가지가 큰 학자의 길을 좇게 하고, 백성을 교화시키고, 임금의 통치를 도울 수 있게 할 뿐만 아니라, 짐승과 구별되는 인간다움을 만든다."

그의 독서법은 다섯 가지로 요약할 수 있다. 첫째, 널리, 넓게 배운다는 박학博學이다. 둘째, 자세히 묻는 심문審問이다. 셋째, 신중히 생각하는 신사愼思다. 넷째, 명백하게 분변하는 명변明辯이다. 다섯째, 성실하게 실천하는 독행篤行이다.

05
찰스 스펄전은
세 살 때 무엇을 읽었는가?

■   '설교의 황제'로 불리는 19세기 영국의 설교자 찰스 스펄전Charles H. Spurgeon은 디모데후서 4장 13절을 설교하면서 성령 충만함을 받은 바울이 책을 원했다는 점을 언급했다. 스펄전이 적어도 30년은 설교한 이 본문에서 바울이 책을 원했다는 점을 주목한 것이다.

바울은 부활하신 주님을 직접 보았고, 누구보다 신령한 체험을 많이 했으며, 하늘에 이끌려 올라가 아무에게도 알려서는 안 되는 말씀을 들었고, 신약성경의 많은 서신서를 기록했음에도 그는 책을 원했다.

그런 바울이 읽고 싶어 한 책은 무엇이었을까? 성경일 수도 있으나, 한 성서 주석자는 젊은 시절에 자신이 읽은 고전이었다고 본다. 스펄전은 바울의 이 부탁을 의미심장하게 받아들인 듯하다. 스펄전

자신에게도 책은 특별한 의미를 가지기 때문이다.

스펄전은 세 살 때 할아버지의 서재에서 『천로역정』의 삽화를 보고 독서에 입문했다. 어린 스펄전은 그 책에서 한 신자가 무거운 짐을 지고 가는 목판화 그림을 보고 너무도 측은히 여겼다. 신자가 오랜 순례 끝에 짐을 벗어버리는 장면에서 스펄전은 뛸 듯이 기뻐했다.

고전은 '옛날의 서적으로 후세에 남을 만한 책' 또는 대가의 저술, 거장의 작품 등 후인의 모범·전형이 될 만한 것이다. 영어의 '클래식classic'이란 단어는 라틴어 '클라시쿠스classicus'에서 유래한 말이다. 본래 이 라틴어는 로마제국의 시민들을 군대로 편성할 때 그들의 재산을 기준으로 다섯 등급으로 나누고, 그중 가장 높은 계급의 시민들을 호칭하는 용어로 사용되었다. 그 후 이 단어는 제1급 작가, 가장 훌륭한 문학작품을 가리키는 말로 뜻이 바뀌었다.

일반적으로 고전은 뛰어난 가치를 지니고 그 분야에서 오랜 세월에 걸쳐서 지속적으로 읽히는 최고의 책이다. 그것은 문학작품일 수도 있고, 사상이나 철학 서적이기도 하다. 자연과학이나 사회과학의 저술일 수도 있다. 경우에 따라 궁중요리의 고전이란 책도 있을 수 있다. 결국 서적의 종류가 많아짐에 따라 고전도 각 분야별로 다양해진다.

어찌 보면 꼭 읽어야 할 책으로 고전이 꼽히는 것은 당연하다. 세월의 마모에서 초연한 고전은 그 자체로 무게와 기품을 가지며 대체로 이론보다 사상의 힘으로 버텨온 지혜의 책들이다.

고전을 말할 때 우리가 범하기 쉬운 오류는 한때의 '베스트셀러'를 고전으로 여기는 경우다. 신문지상에 격찬하는 문구로 크게 광고가 되고, 많은 판매 부수를 자랑하고, 여러 독자로부터 호평을 받는다는 사실만으로 고전이 된다는 보장은 없다. 베스트셀러는 오랜 세월을 걸쳐 수많은 독자들의 치밀하고 엄정한 비판을 견뎌내는 과정을 겪지 않았기 때문이다.

그러면 왜 기독교 고전을 읽어야 하는가? 무엇보다도 고전은 인간의 정신을 풍요롭게 하는 보편적인 문제를 다루기 때문이다. 따라서 그리스도인은 세월의 검증을 받은 양서와 기독교 고전을 가까이하고 읽어야 한다. 이를 통해서 교회사의 영적·지적 유산을 물려받고 향유할 수 있기 때문이다.

우리가 우리의 세계와 행위에 대해 깊이 이해할 수 있는 중요한 방법 중의 하나는 과거로부터 전해 내려온 책들을 정독하는 것이다. 가치 있는 책을 읽을 때, 우리는 신비를 탐험할 수도 있고 하나님이 우리에게 허락하신 삶의 의미를 해석할 수도 있다.

기독교 고전 중에 탁월한 작품은 아우구스티누스의 『고백록』, 토마스 아 켐피스의 『그리스도를 본받아』, 파스칼의 『팡세』, 존 버니언의 『천로역정』, 존 밀턴의 『실낙원』, 존 칼뱅의 『기독교 강요』 등이다.

06
시는 사랑받을 가치가 있는가?

■   19세기 스코틀랜드 최고의 설교자 조지 모리슨^{George H. Morrison}은 "예수님의 생애는 하나님의 가장 완벽한 시"라고 했다. 조지 모리슨 자신이 시를 사랑하고 애송하였으므로 그의 명 설교에는 아름다운 시구가 자주 등장한다. 그 시들은 설교에 향기를 더하고 메시지를 듣는 이에게 통찰의 통로가 되곤 한다.

시는 각성된 의식 깊숙한 곳에, 억압된 충동이나 소망을 끌어내는 작용이 인정된다. 독자의 의식세계를 흔들어, 잠자고 있는 기억을 불러 깨우는 도구라고 해도 좋다.

성경의 3분의 1이 운문으로 되어 있으며 예언서들은 대개 시의 형태를 띠고 있다. 특히 시편은 5권으로 나누어져 있는데, 그중 어렵고 힘들 때 하나님께 드리는 기도인 탄원시가 3분의 1이며 찬양시,

감사시, 경건시, 절기시, 지혜시, 순례시 등으로 구성되어 있다고 할 수 있다.

다윗은 용사요 시인이었다. 그는 왕이 된 후에도 수금(하프)을 타며 하나님을 찬양하는 시를 지었다. 가장 아름다운 시 가운데 하나인 시편 23편은 어느 나라 말로 번역하여 곡조를 붙여도 한결같이 감동적이고 아름답다고 한다. 다윗의 시들은 고난과 탄식으로 가득 찬 탄원시가 많으나 시편 23편은 안식과 기쁨과 만족이 넘치는 내용이다.

지성의 품격을 보여주는 조건 중에는 시를 사랑하는 마음이 있다. 그뿐만 아니라 시를 읽고 암송하는 일은 모든 이에게 지극히 중요하고 유쾌한 활동이 될 수 있다. 성경의 한가운데 자리한 시편은 신앙적 측면에서도 시의 중요성을 보여준다.

시편은 경건 훈련이나 공동체의 신앙을 고백하거나 온전히 의뢰하며 나아갈 때 가장 애송하며, 이미 수백 개의 노래로 만들어져 불리고 있다.

또한 시편은 하나님의 계시에 대한 응답기도라고 할 수 있다. 이 응답은 상상이나 허구가 아닌 개인 또는 공동체의 체험에서 비롯된 것이다. 곧 응답은 감사, 구원에 대한 확신, 청원, 찬양 등으로 표현된다.

시는 어디에서 오는가? 시는 어떤 경로를 거쳐 발전해왔을까? 내적 감정을 나타내려 할 때, 표정과 함께 거의 무의식적으로 흥얼거리는 수가 있다. 이와 같은 감정은 춤이나 노래라는 형태로 오늘날 춤과 시의 기원이라고 할 것이다. 또한 초자연적인 고대 신앙과 결부되어 욕망이나 소망의 기도가 祈禱歌의 단계를 지나 문학으로서의 시가 탄생되는 것이다.

오늘날은 무엇보다도 실용의 가치, 물질의 가치가 강조되고 있다. 그러나 이러한 시대일수록 우리는 정신의 가치를 지켜야 한다. 마음과 정신을 물질적인 뇌의 산물이라고 말하는 사람일지라도 시의 아름다움과 그 가치를 부인하지는 않을 것이다.

시는 문학의 가장 예민한 촉수다. 시는 시공을 초월하여 미지의 것을 탐색하고, 세상을 재해석하고, 꿈과 환상의 가치를 인정한다. 우리가 더 아름다운 세상을 꿈꾸는 이라면 풀잎 위로 흐르는 아침 이슬 소리에 귀 기울이는 시인의 감성을 소중히 여겨야 하지 않겠는가.

07

왜 연암은 한국의 괴테인가?

■　미국 대통령 중에 최고의 산문가는 에이브러햄 링컨^{Abraham Lincoln}이라고 한다. 그는 어려서부터 고전을 수없이 거듭해서 읽었고 그런 습관이 그를 최고의 산문가로 만들었다.

영향력 있는 사람들은 자신의 생각과 느낌을 글로 잘 표현한다. 이러한 소통의 능력은 지도자의 필수적 자질이다. 어떻게 이런 자질을 갖출 수 있을까? 중국 속담에 시를 300수 외우면 시인이 된다는 말이 있다. 좋은 글을 마음에 많이 입력하면 좋은 글이 나온다는 이야기다.

문장가 중에 조선 후기 실학자 연암 박지원^{朴趾源}은 특출한 위치를 차지하고 있다. 그러나 그는 어린 시절 철부지였다. 두 살 때 아버지를 여의고 할아버지 슬하에서 자란 어린 연암은, 성격이 괴팍해서 친구들과 잘 어울리지 못했다. 심지어 혼인한 후에도 글을 제대로 모른

채 먹고 놀기를 일삼았다. 글을 배운 것은 그의 처삼촌으로부터였다. 연암은 늦깎이 학자였다.

그의 초상을 보면 카리스마가 느껴진다. 단호하고 꼬장꼬장한 인상이랄까. 한편으로는 속 깊은 정이 느껴지기도 한다. 어쨌든 그가 살던 18세기 후반은 실학이 발흥하여 사물에 대한 인식의 새로움을 보여주던 시기였다. 기득권층에 속했던 연암이었으나 그는 분명 조선의 아웃사이더, 진보적 학자였다. 사상과 문물의 격변기에서 남다른 시각으로 세상을 바라보았다. 그래서 연암의 작품에는 양반 계층에 대한 해학과 풍자가 담겨 있다. 그는 동일한 공간 속에서 다양하고 자유분방하게 살아간 그들의 삶의 모습을 사실적으로 그렸다.

조선 정조 때 소위 연암체의 등장은 문학의 변화를 단적으로 보여준 현상으로 당시의 많은 지식인에게 충격을 주었다. 명청明淸의 문집과 패관소설은 문체의 변화를 가져오는 요인으로 작용했다. 일반 문장을 짓는데도 소설 문체를 쓰게 되어 산문은 점차 소설식의 문체로 전환되었다.

연암의 문체는 국왕에게까지 알려졌으며, 문인들이 그 문체를 모방할 만큼 영향력을 끼쳐 하나의 독자적 성격을 부여받았다. 특히 그의 작품은 "글로써 놀이를 일삼는다"라는 말로 문학의 본질을 정의하듯 풍자와 해학이 중요한 특징이다. 실제로 그는 고전소설의 풍자문학 일인자라 할 수 있다.

연암의 출중한 문장은 이덕무, 박제가 등 시대의 문장가들로부터 인정받았다. 그 맥은 서민문학인 판소리, 탈춤, 민요로 이어졌다. 조선의 아웃사이더 연암 박지원은 자신이 살고 있던 시대의 그릇된 모습을 글을 통해 신랄하게 비판하고, 올바른 삶의 가치들을 역설했다.

그런데 1801년 순조 당시 예수를 믿는 성도들에 대한 대대적인 탄압이 전국을 휩쓸었다. 당시 면천군수였던 연암은 베이징에서 유학한 진보적인 인물이며 시대적 아웃사이더였다고 하나 관리로서 정책을 집행해야 하는 처지인 그는 예수 믿는 성도들에게 물리적인 행동을 해야 했다.

부임 초기, 예수 믿는 성도들을 다루게 된 연암은, 곤장을 맞으면서 신음 소리를 내지 않는 성도들을 보며 차남 박종채에게 "형벌로도 안 되니 도대체 이 일을 어쩌면 좋단 말이냐?"라고 푸념하기도 하고, "아프지 않느냐, 예수 믿으면 다 그러냐?"고 되물었다는 일화가 있다. 뿐만 아니라 예수 믿는 성도들을 향해 '미혹된 자'들이라고 했다고 한다. 제사를 모시지 않고, 성경과 예수를 찾는 그들을 연암이 알 리 없었던 것이다.

지난 2005년에는 연암 박지원 선생 서거 200주년을 맞아 연암이 현감으로 재직하던 경남 함양에서 그의 문학과 사상을 재조명하기 위한 학술회의가 열리기도 했다. "독일에 괴테가 있다면 우리나라에는 연암 박지원이 있다"라는 말이 있다. 그가 탁월한 문장가라는 사실을 가리키는 표현이리라.

08
인문 고전을 읽으면서 던져야 할 질문은 무엇인가?

■   성경에는 '분별'에 관한 가르침이 있다. 바울은 하나님의 뜻을 분별하라고 했고(롬 12:2), 성도들이 영적 분별력을 갖도록 기도했다(빌 1:10). 예수께서는 "너희가 날씨는 분별할 줄 알면서 시대의 표적은 분별할 수 없느냐"(마 16:3)고 하셨다. 이 말씀은 그 시대의 징조the signs of the times를 해석interpret해내는 능력을 언급하신 것이다.

그리스도인은 시대를 읽는 분별력이 있어야 한다. 한편으로는 영적 분별력이며, 다른 한편으로는 인문학적 지식에 바탕을 둔 분별력이다. 21세기에 전개되는 모든 현상 배후에 존재하는 시대정신을 파악해야 하는데 그 바탕은 바로 인문학적 지성이라고 할 것이다.

학문은 크게 자연과학, 사회과학, 인문과학이라는 개념으로 삼분된다. 먼저 대상의 측면에서 본다면, 인문과학과 자연과학은 각기 추구하는 앎의 대상이 존재론, 즉 형이상학적으로 그 성질에 있어 전혀 다르다. 인문과학에서는 궁극적인 본질이나 보편적인 원리를 추구하며 이것은 존재 일반 또는 존재의 내면세계의 총체적 연관을 파악하려는 노력으로 나타난다. 반면에 자연과학은 대체로 자연현상이나 구체적인 사실을 문제 삼는다. 즉 인문과학의 대상은 비관찰적, 비지각적 존재인 데 반해 자연과학의 대상은 관찰할 수 있는 현상적이라는 점에서 그 차이가 있다.

인문·사회과학은 매우 광범위하다. 언어, 문학, 역사, 철학, 신학, 종교, 윤리, 예술 등이 인문과학의 영역에 속하며 정치, 경제, 사회, 법률 등이 사회과학의 영역에 속한다.

인문계 텍스트의 대상은 인간의 다양한 사유와 경험, 사건으로 단순히 자연이 아니라 무엇인가의 의미 또는 관념이다. 특정한 법칙으로 설명할 수 없는 대상들을 서술 또는 검토하면서 그것들을 이해하고 그 뜻을 밝히려 한다. 이런 점에서 물리적 현상을 특정한 법칙에 비추어 설명하려는 자연계 텍스트와 구별된다. 인문계 텍스트에서 사용되는 단어나 문장의 의미는 언제나 가변적이고 역동적이다. 또한 특정한 관점을 강조하는 경우가 많다.

왜 우리는 인문 고전을 읽어야 하는가? 인문 고전은 오랜 시간에 걸쳐 검증되었다는 점에서 그 가치가 있다. 인문 고전은 미래의 변화에 대처하기 위한 필수 과목이다. 우리는 미래 사회를 예측하고 대비하는 동시에 현시대의 문화적 코드를 이해하고 분별하기 위해서도 인문 고전에서 지혜를 배워야 한다.

특히 신학은 인문학의 균형 잡기에 적지 않은 통찰을 줄 수 있다.

그리고 인문학은 신학 연구의 내용을 풍요롭게 할 수 있다. 이제 학문의 경계는 예전 같지 않다. 무관해 보이던 학문 영역이 서로 소통하기 시작했다. 인문 고전은 이런 소통을 위해 중요한 징검다리가 될 수 있다. 이는 우리가 던져야 할 본질적인 질문들을 상기시켜주기 때문이다.

09
왜 때때로 천천히 읽어야 하는가?

■ 　문맹자가 많던 시절에는 성서를 누군가가 읽어주는 것을 들어야 했다. 글을 읽을 수 있는 지도자나 수도자는 성서나 교부들의 글들을 읽었다. 교회의 전통 가운데는 오늘날의 일반적 책 읽기와 다른 독서 전통이 있었다. 그것이 바로 영성 계발과 관련된 독서다.

　베네딕트의 수도회 '규칙'을 보면, 수도자들의 일과 가운데 영적 독서Spiritual Reading를 위한 시간이 있었다. 기도가 호흡이라면 독서는 균형 있는 식사라고 말할 수 있다. 특히 영적 독서는 영적 성장을 위해 삶의 일부가 되어야 한다.

　영적 독서란 무엇인가? 영적 독서는 하나님의 말씀뿐만 아니라 그 말씀을 우리 인간의 언어로 쉽게 풀어놓은 신앙 도서를 읽고 묵상하는 것까지 포함한다. 『영적 독서를 위한 지침서A Practical Guide to Spiritual

Reading』(1994)의 저자 수잔 무토^{Susan Muto}는 성서가 영적 독서의 기본 텍스트라고 했다. 그러면서 영적 독서를 위해서는 파고들고, 곰곰이 생각하고, 분석하고 비판하기보다 읽은 것을 우리의 삶에 연관시키는 데 힘써야 한다고 주장한다. 영적 독서는 슬픔 중에 있는 독자를 위로하거나 그의 기쁨을 심화시킨다. 그리고 변화를 촉진하고, 삶에 대한 반성과 성찰을 도모한다. 그뿐만 아니라 우리의 전 존재^{全存在}가 하나님을 향하도록 도와준다. 따라서 영적 독서는 기도나 묵상 등 하나님께 가까이 나아가기 위한 방법들처럼 경건의 실천이다. 수잔 무토 교수는 영적 독서를 위한 5가지 지침을 제시했다.

1) 영적 독서를 위해서는 적절한 성서 본문이나 영성생활의 근본적 주제를 다루는 영성문학^{The Literature of Spirituality}의 다양한 출처에서 발췌한 자료들이 있어야 한다.
2) 영적 독서는 하나의 기술^{art}로, 정보를 얻기 위해 독서를 하는 것과는 다르다. 이 기술은 규칙적인 실행을 통해 발전하며, 일종의 독서 노하우를 습득해야 한다.
3) 영적 독서를 실행에 옮기기 위해서는 몇 가지 조건을 갖추어야 한다. 우선 매일 규칙적으로 읽기 위해 시간을 따로 정해야 한다. 최소한 일주일에 3회 이상 15~20분 정도는 확보해야 한다. 그리고 누구에게도 방해받지 않는 공간이 있어야 한다. 독서를 할 때에도 새로운 것을 발견하는 '신혼'의 달콤한 기간이 있지만, 그리 오래가진 못한다. 중요한 것은 끈기를 가지고 계속하는 것이다. 또한 기록을 남기는 것이 좋다. 밑줄을 긋고, 책의 여

백에 떠오르는 생각과 느낌을 적어두면 읽으면서 정리할 수 있을 뿐만 아니라 나중에도 참고할 수 있다.

4) 독서 노트를 옆에 두고 독서를 해야 한다. 기록으로 남긴 '내성 內省, reflection'은 영적 생활에 자양분을 공급한다. 영적 독서에 관한 노트를 읽는 것은 우리에게 새로운 영감을 줄 뿐만 아니라 우리 자신에 대해 배우는 수단이 될 수도 있다. 기록할 때는 완벽을 추구하지 않는 것이 좋다. 형식에 얽매이지 않고 편하게 기록하면 된다.

5) 영적 독서 후에 다른 사람들과 나누는 시간을 갖는다. 한 달에 한 번 정도 만나서 45분 내지 1시간 동안 서로 나누는 모임을 만든다. 참가자 중 한 사람이 그룹 리더로 봉사해야 한다. 원활한 진행을 위해 리더는 4~5개의 흥미 있는 질문을 준비한다. 그것은 말할 준비가 되어 있지 않은 참석자에게 큰 도움이 된다. 그리고 참가자가 토론되고 있는 본문을 자주 참조하는 것을 격려해주어야 한다.

영적 독서는 성경과 기독교 고전, 신앙 서적을 읽고, 내용과의 상호작용, 내적 반추가 이루어질 때 그 목적을 달성할 수 있다. 우리는 문학작품을 포함한 양서를 통해서도 얼마든지 영적 성숙과 치료를 위한 지혜를 얻을 수 있다. 그리고 영적 독서란 '꿀꺽' 삼키는 것이 아니라 오랫동안 음미하는 독서라는 점을 기억하자.

10
능동적으로 읽으면
어떤 변화가 일어나는가?

■ 사도행전 8장을 보면, 빌립이 에티오피아 내시를 만나는 장면이 나온다(행 8:26~40). 내시는 이사야서를 읽고 있었다. 빌립은 그가 선지자 이사야의 글을 읽는 것을 듣고 물었다. "읽는 것을 깨닫느냐?"

읽고 이해하는 것을 독해^{讀解}라고 한다. 성서는 우리가 읽고 이해해야 하는 책이다. 1차적 의미를 파악하고 문맥도 고려하며 읽어야 한다. 시대 배경과 원어의 의미에 관한 정보도 있어야 한다. 무엇보다도 신구약성서 전체를 일관하는 중심 주제 또는 메인 아이디어^{main idea}를 알아야 한다. 쉽지 않은 일이다. 하지만 불가능하지도 않다. 수많은 학자의 연구 결과가 길을 잘 닦아놓았기 때문이다.

책 읽기에 특별한 방법이 있을까? 그렇다. 미국의 대표적 지성 가운데 한 사람이었던 철학자 모티머 에들러^{Mortimer Jerome Adler}는 독서의 수준을 4단계로 나눈다(기초적인 읽기-살펴보기-분석하며 읽기-통합적인 읽기). 그는 그의 명저 『생각을 넓혀주는 독서법 How to Read a Book』에서 올바른 독서법에 대해 설명하고 실용 서적, 문학 서적, 역사 서적, 철학 서적 등 각 분야에 맞는 독서법을 제시한다.

기초적인 읽기는 독서의 제1 수준이고, 살펴보기는 독서의 제2 수준이다. 독서의 제3 수준은 분석하며 읽기다. 이 단계에서 독자는 저자가 전하는 메시지를 능동적으로 찾는다. 독서의 제4 수준은 통합적인 읽기다. 이것은 책 읽기의 궁극적인 목적이다.

통합적으로 읽을 때는 질문을 명확히 해야 한다. 질문은 문제를 풀어나가는 데 도움이 되는 방식과 순서로 만들어져야 하는데, 저자들이 답을 할 수 있는 방식으로도 그 틀을 짜야 한다. 어려운 것은 독자가 답을 얻어야 할 질문을 저자는 질문으로 다루고 있지 않을 수도 있다는 점이다. 주제에 대한 시각은 독자와 저자가 매우 다를 수도 있으며, 때로는 저자가 독자의 질문에 아무런 답도 내놓지 않을 수도 있다.

좋은 책은 열심히 읽으면 그 대가가 있다. 가장 좋은 책이 가장 좋은 것을 줄 것이다. 책으로부터 받는 것은 두 가지가 있다. 첫째, 어렵고 좋은 책을 붙잡고 씨름한 대가로 책을 읽을 수 있는 기술을 향상시켜준다. 둘째, 좋은 책은 이 세상과 독자 자신에 대해 가르쳐준다.

책을 잘 읽는 것은 중요하다. 왜냐하면 능동적으로 읽는 것은 우리의 정신을 살아 있게 하고 성장하도록 만들기 때문이다. 우리를 잘 이끌어줄 수 있는 책은 많지 않다. 이런 가치를 지닌 몇 권도 채 안 되는 책을 독자 스스로 찾아내야 한다. 당신이 성장할 수 있도록 도와주는 책을.

11

왜 현재의 60퍼센트는 과거요, 40퍼센트는 미래인가?

■   역사는 과거의 사실the fact of the past에 관한 학문이다. 토마스 칼라일은 "역사는 모든 과학의 기초이며, 인간 정신의 최초의 소산"이라고 말했다.

역사란 낱말에는 많은 뜻이 함축되어 있다. 일반적 의미에서 역사란 인류 사회의 변천과 흥망의 과정, 즉 과거의 기록이다. 에드워드 기본Edward Gibbon은 "역사는 인류의 범죄와 어리석은 행위 그리고 불운일 뿐이다"라고 말했다. 볼테르Voltaire에 따르면 역사는 우리가 죽은 자들에게 행하는 속임수의 꾸러미일 뿐이다.

역사에는 객관적 의미와 주관적 의미가 있다. 객관적 의미의 역사란 '역사적 사건 그 자체'를 가리킨다. 즉, '역사적 사건의 과정', '과거에 일어난 모든 일all happened in the past'이란 뜻으로 사용될 때 역사는 객관적 의미로 쓰인다. 일상 대화에서 사용되는 '역사'라는 말은 대부분 객관적 의미의 역사다. 한편 주관적 역사는 '탐구'의 의미가 있다. 본래 라틴어 히스토리아^{historia}는 탐구^{inquiry}나 연구의 결과로 얻어진 역사 지식을 의미한다. 이것은 단편적 지식이나 정보가 아니라 사실과 사실 간의 연관성을 그 전후 관계를 통해 해명한 탐구와 지식이다.

동양에서 역사는 무엇을 의미했는가? 중국에서는 명말^{明末}에 이르러서야 '역사^{歷史}'란 말을 썼고, 그 이전에는 단지 사^{史}란 말밖에 쓰지 않았다. 사^{史}는 손 '수^{手}' 자와 가운데 '중^{中}' 자의 합성어라고 한다. 여기서 중^{中}은 바를 정^{正}을 뜻하므로, 사^{史}는 곧 '바르게 쓴다'라는 뜻이다.

역사를 기록하는 일은 인류의 이야기를 들려주는 것이다. 역사가는 각 세대가 역사의 의미를 발견하도록 돕는 중대한 과제를 안고 있다. 개인의 기억 상실이 의사의 치료를 요구하는 정신적 결함인 것처럼 역사에 대한 사회적 기억이 없는 공동체는 어려움을 경험한다.

역사가는 역사적 사실을 만들어내는 것이 아니라 재생하는 것인데, 이때 역사가는 그 자신의 세계관이나 현재적 관심, 편견 또는 신념 등의 주관적 관점 때문에 '있는 그대로'를 재생하지 못한다. 현재의 영향을 받지 아니하는 과거는 없다고 할 수 있다. 『역사란 무엇인가』를 쓴 카$^{E. H. Carr}$의 말대로 역사란 결국 역사가와 사실 사이의 부단한 상호작용의 과정이며, 현재와 과거 사이의 끊임없는 대화다.

우리는 왜 역사를 배우는가? 역사에는 일종의 매력이 있다. 인간적 냄새가 물씬 나는 구체적 사실의 학문이라는 데에서 나오는 강렬한 매력이다. 또한 역사에는 구경의 재미가 있다. 역사가는 마치 연극이나 영화를 구경하듯 역사를 감상할 수가 있다. 역사는 의미 있는 이야기다. 우리는 어떤 역사적 사실에서 우러나오는 의미에 감동을 받는다. 역사는 무엇인가를 호소하는 힘을 갖고 있다. 이 호소력도 역사 연구의 한 매력이다.

기독교는 본질적으로 역사적인 종교다. 크리스천이 역사를 가르치고 배우는 근본적인 이유는 우리 자신의 문화와 세계에 관련을 맺으면서 우리 자신들과 우리의 이웃들을 보다 깊게 이해하기 위한 것이다.

어떤 사람도 역사로부터 피할 수 없다. 현재의 60퍼센트는 과거요, 40퍼센트는 미래라는 말도 있다. 역사 연구를 통해서 우리는 과거를 이해할 수 있고 현재의 위치를 알 수 있으며 미래를 전망할 수 있다.

12
왜 대학 경쟁력이 국가 경쟁력인가?

■ 　교회사를 살펴보면, 콘스탄티누스 황제가 AD 313년 기독교를 공인함으로써 교육에 있어서도 근본적인 변화가 찾아왔다. 교회는 새 신자들을 교육하는 데 더 깊은 관심을 갖게 되었다. 학교는 대성당과 수도원 주위에서 성장했다.

도시들이 발달하면서 초기 대학들은 파리, 볼로냐, 옥스퍼드, 프라하, 그리고 그 밖의 지역에 거주했던 학자들의 조합guild. 길드이 그 형태를 이루어가기 시작했다. 교회가 신앙적 유산과 일반 문화의 중요한 보존자로 남아 있었기 때문에 이러한 초기의 학교들은 기독교와 고전 학문을 겸비했다. 따라서 유럽 교육의 초기 발전에는 교회가 밀접하게 관련되어 있었다.

중세기에 80여 개의 대학이 설립되었는데, 그중 다수가 오늘날까지 나름대로 독특한 역사를 유지해오고 있다. 볼로냐 대학(1088년)은 '최초로 공인된' 대학이고, 살레르노 대학(1060년)이 '최초로 설립된' 대학이다. 이탈리아 남부의 살레르노 대학의 의학부는 일찍부터 명성을 얻었다. 이 의학부는 두 세기 동안 유명한 의료 중심지로 존립하다가 그 뒤에는 쇠퇴했다. 아마 다른 대학교들이 각각 의학부를 설치했기 때문일 것이다.

1109년 설립된 파리 대학은 중세의 가장 모범적인 대학으로 신학과 철학의 총본산이었다. 옥스퍼드 대학(1167년)은 학문의 자유보다는 대학의 자치를 더 중시했고, 케임브리지 대학(1209년)은 옥스퍼드 대학에서 불만을 품고 떠난 교수와 학생들에 의해서 설립된 학교다. 14세기에 세워진 주요 대학 중에는 프라하 대학(1348년), 빈 대학(1365년), 하이델베르크 대학(1386년)이 있다. 파리 대학은 예술(철학 포함), 교회법, 신학, 의학 등 네 학부로 구성되어 있었다. 볼로냐 대학은 교회법과 세속법을 포함한 법학으로 유명했다.

시간이 지나면서 대학들은 '고위 관리들'의 양성소가 되었다. 그들 중 상당수는 대학이 누린 자유 덕분에 다소간 비판적인 지식인이 되었다. 서양 중세의 지식인은 도시와 함께 태어났다. 도시인이었던 새로운 지식인들은 직업인이었다. 그들은 '말의 장사꾼'으로서 학문은 신이 주신 것이므로 팔아서는 안 된다는 전통적 개념을 극복해야 했다.

중세 대학의 교수와 학생들은 지정된 작가들의 책을 읽어야 했을 뿐만 아니라 학생들은 교수들의 강의도 기록해야 했다. 학생들의 필기록 중 상당수가 현재 남아 있다. 또한 대학인들이 책을 널리 사용함에 따라 옛날의 필사본 종이보다 더 얇고 더 부드럽고 덜 누런 종이를 생산하게 되었다. 이 기술이 가장 발달한 이탈리아에서는 아주 얇고 새하얀 종이를 만들어냈다. 책의 형태도 바뀌어 더 작고 다루기 쉬운 형태가 되었다. 책의 장식은 줄어들고, 장식 문자들과 삽화들이 대량으로 만들어졌다. 종종 필사자들은 장식문자나 삽화가 들어갈 여백을 남겨 가난한 고객에게는 그대로 팔고 좀 더 부유한 고객에게는 여백에 그림을 그려 팔곤 했다.

대학들에서는 신학에 대한 관심이 두드러졌는데, 그 이유는 대부분의 대학이 교회학교schola에서 발전한 것이기 때문이다. 중세 내내 모든 지역에서 신학이 학문의 여왕으로 인정을 받았고, 철학과 다른 과목들은 신학의 시녀로 간주되었다.

대학들이 설립되고 탁발수도회들(프란체스코 수도회, 도미니쿠스 수도회)이 학문을 퍼뜨린 데 힘입어 중세는 13세기에 가장 수준 높은 지적 업적을 이루게 되었다. 이 발전의 정점에는 토마스 아퀴나스Thomas Aquinas의 스콜라 신학 체계가 있었다. 스콜라scholar란 원래 교회나 수도원의 부속학교를 나타내는 말이다.

중세 말기에 대학인들은 인문주의자로 변신한다. 인문주의자들은 처음부터 왕들의 보호와 관료주의와 물질적 부에 둘러싸였다. 호화롭게 살면서 수많은 하인을 거느린 자도 있었다.『중세의 지식인들』의 저자 자크 르 코프에 따르면, 중세 지식인과 인문주의자가 일하는 모습을 그린 그림들은 현격한 차이를 드러낸다. 중세 지식인은 교수로서 청중이 쇄도하는 가운데 학생들에 둘러싸인 모습으로 그려진다. 인문주의자는 고독한 지식인으로 자신의 서재에서 조용히 사색에 잠겨 있다.

    프랑스 문명비평가 기 소르망Guy Sorman 교수는 "대학 경쟁력이 곧 국가 경쟁력"이라고 말한 적이 있다. 21세기에도 대학의 역할은 중요하다. 특히 교양 공동체로서의 대학의 본질을 회복할 필요가 있다.

13
베네딕트는 왜 몬테카시노에 갔나?

■   수도원 제도는 동방교회에서 먼저 시작되었다. 처음에는 공동체가 아닌 은둔 단계에서 시작했고, 이어서 반은둔 단계를 거쳐 수도원(공동생활) 단계로 발전했다.

최초의 기독교 수도자隱修士로 알려진 안토니우스는 250년경 이집트인의 후손으로 태어났다. 스무 살 무렵에 그는 그리스도가 부자 청년에게 하신 말씀("네게 아직도 한 가지 부족한 것이 있으니 가서 네게 있는 것을 다 팔아 가난한 자들에게 주라. 그리하면 하늘에서 보화가 네게 있으리라" 막 10:21)에 큰 도전을 받았다. 부모에게 받은 유산을 처분한 그는 고향의 변두리에서 연로한 은수사에게 배우며 은둔생활을 시작했다.

은둔생활을 해나가는 동안 점차 사막으로 나가다가 결국 홍해 연안 근처에 폐허가 된 성체에서 20년간 은둔생활을 했다. 은둔생활 기

| 예수께 인문을 묻다 | 59

간 마치 순교자들과 같은 태도로 마귀의 세력에 맞서 영웅적인 투쟁을 벌였던 것으로 전해진다. 그는 노동, 금식, 철야를 하고 끊임없이 기도와 성경 낭독을 함으로써 그리스도의 이름으로 악령의 세력을 극복했다.

4세기에 접어들면서 안토니우스는 이러한 은둔생활로 명성을 얻기 시작했다. 그는 병자들을 고쳤고 원한을 품은 사람들을 서로 화해케 했으며, 모범적인 생활과 가르침으로 자기가 터득한 지혜를 가르쳤다. 다른 사람들이 그 주위에 모여들어 느슨한 은수자 공동체들이 등장했으며, 이들은 안토니우스의 지도 아래 자기들의 영혼 구원을 위해 심신을 연마했다고 한다. 이런 안토니우스에 대한 기록은 삼위일체 논쟁으로 유명한 아타나시우스Athanasius를 통해 세상에 전해지게 되었다.

4세기에는 유사한 지도자들과 공동체들이 등장했다. 안토니우스가 죽은 때인 356년에는 아마 사막에 수천 명의 금욕주의자들이 그리스도를 본받기 위한 훈련을 하고 있었던 것으로 보인다. 그러나 이들 가운데 상당수가 공동생활이라는 새로운 형태의 수도생활을 시행하고 있었다. 이들은 이집트 고지대(남부)에서 등장한 사람들로서 파코미우스Pachomius의 지도와 가르침을 받았다.

이 공동체의 구성원들은 노동, 기도, 명상(성경 구절을 암송하는 훈련)으로 이루어진 공동일과표에 따라 엄격한 생활을 했고, 함께 식사하고 모든 재산을 공유했다. 원장에게 순종하는 것이 관습이었고, 원장들은 파코미우스가 점진적으로 발전시킨 수도 회칙에 따라 전반적인 수도생활과 소속 수도원들을 다스렸다. 이 공동체는 직접 노동하여 생계를 유지했고, 구원의 도를 훈련하는 일에 서로 돕고 격려했다.

이후 4세기경 수도원은 서방에 소개되었고 갈리아, 이탈리아에서 수도자의 공동체가 형성되었다. 초기 수도 규칙은 동방교회의 수도 규칙을 따랐다. 이 규칙들은 베네딕투스^{Benedictus}에 의해 상세하고 엄격한 규칙이 마련되었고, 이로부터 중세 수도원 제도가 정착되었다고 볼 수 있다.

베네딕트는 원래 수비아코^{Subiaco} 근처의 동굴에서 살던 은수자로서 제자들을 모아 작은 공동체를 조직했다. 훗날 그는 로마와 나폴리 중간에 있는 몬테카시노$^{Monte\ Cassino}$로 옮겨 공동 수도원을 만들고 이 수도원을 위해 수도 회칙을 작성했다. 그의 수도 회칙은 극단적인 금욕주의 가치를 인정하지 않았고, 개인주의와 사회를 등지는 태도는 더욱 인정하지 않았다. 또한 그의 수도 회칙은 엄격하되 혹독하지 않았으며, 상호 사랑의 원칙이 지배하는 가정적인 성격을 강조했다.

청빈, 순결, 복종은 수도 생활의 본질을 이루는 덕목이다. 그러나 수도자의 세 가지 서원이 언제 어디서 확정되었는지는 분명하지 않다. 그러나 수도 규칙의 모체라 할 수 있는 베네딕트 수도 규칙은 이미 세 요소가 그 근간을 이루고 있으며, 이후 이 세 요소는 모든 수도원 운동의 기본적 특성이 되었다.

14 십자군 원정은 무엇을 바꾸어놓았나?

■　십자군 원정이란 11세기 말에서 13세기 말 사이에 서유럽의 그리스도교도들이 성지 팔레스티나와 성도 예루살렘을 이슬람교도들로부터 탈환하기 위해 감행한 대원정^{大遠征}이다. 그때 이에 참가한 기사들이 가슴과 어깨에 십자가 표시를 했기 때문에 이 원정을 십자군이라 부른다. 원정의 목적은 예루살렘과 그리스도의 성묘^{聖墓}를 이슬람교도의 지배로부터 탈환하는 것이었다.

1095년 11월 27일, 겨울 추위 속에서 클레몽^{Clemont}에 모여든 사람들은 교황 우르바누스 2세의 강론을 듣고 있었다. 교황은 가난한 소작농이 대부분인 청중들 앞에서 아랍 무슬림에 의해 정복당한 성지 예루살렘과 그리스도의 성묘^{聖廟}를 탈환하기 위한 십자군 운동에 참가할 것을 역설했다.

"이것은 내가 명하는 것이 아니다. 주 예수 그리스도가 명하는 것이다. 그 땅으로 가서 이교도와 싸워라. 설사 그곳에서 목숨을 잃는다 해도 너희의 죄를 완전히 용서받게 될 것이다."

교황의 연설과 함께 울려 퍼진 "하나님이 그것을 바라신다$^{Deus\ lo\ vult,\ Latin\ for\ 'God\ wills\ it'}$"는 한마디는 인류 역사상 가장 오랜 기간인 200년간 치러진 십자군 전쟁의 서막을 알리는 외침이었다.

십자군 원정은 8회 이상 이루어졌다. 처음에는 성지 탈환의 목적을 이루었으나 이후의 원정에서는 목표와 과정의 순수성이 크게 훼손되었다고 할 수 있다.

이슬람 군대는 그들의 무자비한 전진을 막으려는 십자군의 노력에도 불구하고 기독교 세계의 4분의 3을 장악했다. 외견상 십자군 원정은 실패한 것으로 보일 수 있다. 그러나 이에 대한 평가는 단순한 문제가 아니다. 십자군은 예루살렘을 88년간 장악하고 있었고, 십자군 왕국은 192년간 팔레스티나에 존속했다. 십자군 국가의 수립은 중동에 새로운 존재를 심고 유럽인들에게 거의 200년 가까이 지대한 영향을 미친 중대한 사건이었다. 십자군은 비잔틴 제국의 생명을 연장해주고 이슬람의 진출을 더디게 한 것은 틀림없는 사실이다. 대원정은 동서의 문화적 교류뿐만 아니라 다방면에 걸친 변화를 가속화했다.

십자군 원정은 한때 예루살렘을 탈환하는 성과를 올리기도 했으나, 결국 실패로 돌아갔다. 이에 따라 십자군 원정을 역설한 교황권은 약화됐고, 원정 도중 사망한 기사의 영지까지 흡수한 왕권은 강화됐다. 이슬람 문화와의 접촉으로 교역이 늘어나 상업과 도시가 발달했다.

십자군 전쟁은 오늘 우리에게 어떤 의미인가? 『십자군』의 저자 토머스 F. 매든에 따르면, 외국의 적과 싸우기 위해 진격하는 십자군 기사의 '낭만적 이미지'는 19세기 후반과 20세기 초의 전쟁에서도 이용되었다. 1차 세계대전의 선전에서도 십자군은 크게 부각되어 정치가들은 그것을 하나님의 축복을 받은 성스러운 전쟁으로 묘사했다.

1차 세계대전의 유례없는 참혹한 살육 사태에도 유럽과 미국은 여전히 그것을 고귀한 십자군 전쟁으로, 그리고 전사자들을 순교자로 묘사했다. '십자군'이라는 말은 점점 도덕적으로 정당한 목표를 위해 싸우는 위대하고 명예로운, 그러나 종교적인 의미는 없는 세속적인 전쟁을 뜻하게 되었다. 이런 쓰임새는 오늘날까지도 널리 통용되고 있다.

유명한 저작인 『아랍의 눈으로 본 십자군 전쟁』에서 아민 말루프Amin Maalouf는 기독교와 이슬람 세력의 불화가 십자군까지 거슬러 올라가는 것으로 본다. 그에 의하면, 십자군의 시대가 서유럽에서 경제적·문화적 혁명을 일으킨 것은 사실이지만, 동방에 가져다준 것은 수백 년간 지속된 쇠락과 퇴화였다. 사방에서 공격을 받아 이슬람 세계는 문을 닫아 걸고 고립주의적인 태도를 취하게 되었다. 오늘날까지도 아랍인들은 십자군을 일종의 겁탈 행위로 여긴다.

아민 말루프의 이런 관점에 대해 토머스 F. 매든은 이의를 제기한다. 이슬람 세계의 쇠퇴는 십자군과는 무관하다고 말한다. 2001년 9월 11일 이래로 "십자군이 어떻게 현재의 갈등을 야기했는가?" 하는 물음이 자주 제기되었다. 그러나 답은 십자군과 현재의 갈등은 무관하다는 것이다. 십자군은 중세의 현상이고, 우리의 세계와는 매우 다른 중세 세계의 일부였다. 9·11 공격을 야기한 것은 십자군이 아니라 현대의 식민세력이 만들어내고 아랍의 민족주의자들 및 이슬람주의자들이 전수한 왜곡된 기억이다.

기독교도들에게 십자군의 동방 원정은 기독교도들과 그들의 땅을 이슬람 정복자들로부터 지키기 위해 행한 사랑과 자애의 행위였다. 한편 중세의 이슬람교도들은 십자군을 이해하지도 못했을 뿐더러 관심도 없었다.

중세 사람들에게 십자군은 신앙과 사랑, 자애의 행위였으며 동시에 자신들의 세계와 문화, 생활 방식을 지키려는 수단이기도 했다. 따라서 하나의 교회를 구성하는 구성원이라는 공동체 의식이 사라지면서 십자군이 호소력을 잃게 된 것은 당연한 일이었다. 16세기에 이르러 유럽은 종교가 아니라 정치적 노선을 따라 분화되기 시작했다. 이 새로운 세계에 십자군이 설 자리는 없었다.

『로마인 이야기』의 시오노 나나미는 『십자군 이야기』에서 힘 있는 문장으로 인간의 욕망이 만든 십자군 전쟁의 역사를 끄집어냈다. 첫 문장부터 비장하다.

"전쟁은 인간이 여러 난제를 한꺼번에 해결하려 할 때 떠올리는 아이디어다."

십자군 원정은 서양 중세의 정치·경제 지형도를 송두리째 바꾸어놓았다.

15 교회사를 아는 것이 왜 중요한가?

■ "때가 차매 하나님이 그 아들을 보내사 여자에게 나게 하시고"(갈 4:4).

학자들은 일반적으로 '때가 차매'를 복음 전파를 위한 하나님의 섭리의 관점에서 이해한다. 하나님께서는 신약교회의 탄생을 위해 역사를 섭리하셨다. 이와 마찬가지로 하나님은 교회사를 통해서도 자신의 계획과 섭리의 정교함을 보여준다. 그러므로 교회사 공부는 하나님이 만들어 가시는 이야기를 들여다보는 일이다.

"이 거룩한 종교는 박해 속에서 자라나고, 죽어가면서 정복하고, 모진 시련 속에서 오늘날도 여전히 더욱 성숙한 형태로 기독교 세계의 큰 부분을 지배하는 원칙들과 제도들을 이루어낸다. 나는 어느 교파를 옹호하려는 생각을 접어둔 채 증인의 역할을 제대로 하려고 노력했다. 진리를 말하되 온전한 진리를, 오직 진리만을 말하려고 했다. 하지만 항상 잊지 않은 것은 역사가 몸뿐 아니라 영혼도 갖고 있다는 것과, 사실史實과 연대 못지않게 지배 이념들과 보편적 원칙들도 담아내야 한다는 것이었다." 교회사가 필립 샤프Philip Schaff가 그의 『교회사』(1858년) 초판 서문에 남긴 말이다.

필립 샤프에 따르면, 무릇 역사란 친구와 대적이 만들어낸 원 사료를 가지고 진리와 사랑의 정신으로, 분노도 과욕도 없이, 아무에게도 악의를 품지 않고 모든 이에게 선의를 품고, 분명하고 신선하고 살아있는 문체로 기록해야 한다.

교회사란 무엇인가? 교회사는 학문적 역사 방법을 통하여 얻어진 교회의 과거사에 대한 지식을 말한다. 교회사는 신학의 일부이므로 신학에서 사용하는 방법이 요구된다. 따라서 신앙을 갖고 있는 사람만이 교회사를 연구할 수 있으며, 신학자만이 진정한 의미의 교회사가가 될 수 있다. 교회사가는 성경의 계시로부터 얻은 지식을 가지고 있으며, 이런 지식은 그의 역사 해석에 영향을 미치게 된다.

우리가 교회사를 아는 것이 왜 중요한가? 우리는 교회사를 통해 역사가 하나님의 이야기His Story라는 사실을 알 수 있다. 창조주 하나님은 역사의 주主이시기 때문이다. 크리스천은 역사를 바라보는 성경적 안목을 가져야 한다. 역사의식이 있는 자만이 깨어 있는 역사의 파수꾼이 될 수 있기 때문이다.

16

왜 불국사 경내에서
돌 십자가가 발견되었나?

■   "밤에 환상이 바울에게 보이니 마게도냐 사람 하나가 서서 그에게 청하여 이르되 마게도냐로 건너와서 우리를 도우라 하거늘" (행 16:9).

사도행전에 나오는 이 환상은 역사의 방향을 바꾸었다. 그 결과 복음은 유럽을 향했다. 여러 세기가 지나서야 복음은 동쪽으로 향했다. 초대 교회사를 보면 기독교의 동방 전파는 5세기 중엽에 이단으로 몰린 네스토리우스파의 주도에 의해 페르시아와 인도, 중앙아시아를 거쳐 7세기 중엽에 중국까지 이른다.

기독교는 '파사교波斯敎, 파사는 페르시아를 가리키는 중국말'라는 이름으로 AD 635년 당나라 태종 9년에 중국에 들어온다. 이후 '대진교大秦敎, 대진은 로마제국을 가리키는 중국말'라는 이름을 거쳐 경교景敎, '빛의 종교'라는 의미로 불리게 된다. 경교는 이후 중국에서 가장 찬란한 꽃을 피웠으나, 유교와 도교 신봉자들의 박해로 사양길을 걷는다. 이때 경교의 업적을 찬양해 세운 '대진경교유행중국비大秦景敎流行中國碑, 일명 경교비'도 산시성 시안에서 지하에 묻힌다. 중국에서 동방기독교의 전래 사실은 800년 동안 까맣게 지워져 있다가 1625년 청나라 초기에 '경교비'가 발굴돼 세상을 깜짝 놀라게 했다. 이미 기독교가 7세기 중엽 중국에 들어가 국교로까지 발전했던 것이다.

중국에서 경교라고 불린 이 고대 동방기독교는 635년 당 태종 때 처음 중국에 소개된 후 정식으로 허락을 받아 250년간 수만 명의 신도를 거느렸다.

일부 교회사가는 그 영향이 한반도에까지 미쳤다고 본다. 물론 아직은 사료와 연구의 부족으로 전파 시기와 내용, 성격, 영향 등 실상을 구체적으로 밝힐 수는 없다. 하지만 그 근거가 될 만한 관련 유물들이 발견되었다. 가장 유력한 증거 유물로 꼽히는 것이 1965년 경주 불국사 경내에서 출토된 돌 십자가와 역시 경주에서 발굴된 2점의 철제 십자문 장식과 아기 예수를 품에 안은 동정녀 마리아상이다. 이 4점의 유물은 모두 7~8세기 통일신라 시대의 유물들이다.

고대 기독교가 한반도에 소개된 증거로는 이상의 유물 말고도 몇 가지 관련 기록이 있다. 『삼국유사』에 보면, 7세기 말의 고승 혜통慧通에 관한 글이 있다. 그 글 가운데 그가 "마귀와 외도外道를 모두 경주에서 멀리했다"라는 기사가 나온다. 여기서의 '외도'란 불교 이외의 다른 종교를 뜻하는데, 당시 새롭게 접한 다른 종교란 경교景敎일 가능성이 높다는 주장이 있다. 혜통은 일찍이 중국 당나라에 들어가 밀교의 조사를 스승으로 섬겼는데, 그의 천거로 고종 딸의 병을 주술로 치유해준 덕분에 고종과 가까웠다고 전한다. 그런데 고종은 경교를 정식으로 받아들인 태종에 이어 당에서 경교를 중흥시킨 장본인의 한 사람이다. 그는 모든 주에 경교사景敎寺를 짓도록 할 정도로 경교에 경도된 군왕이었다. 이러한 고종과 친분 관계를 맺고 있는 혜통으로서는 당에 공전된 경교와 자연스럽게 접하게 되고, 그 내막을 알고 있었을 것이다. 따라서 그가 말하는 '외도'란 곧 이 경교를 지칭하는 것이며, 그 외도를 '경주에서 멀리했다'는 것은 경교가 신라 안에 이미 들어와 있었다고 보는 것이다.

현재 초기 기독교를 다루는 역사가들은 중국에서 경교가 유행하던 시기에 당과 밀접한 관계에 있었던 신라가 수많은 사신과 유학생을 그곳에 파견하는 등 빈번한 문화 교류를 행했던 것을 근거로 한반도에도 경교가 전래되었을 가능성이 있다고 추측하고 있다.

숭실대 한국기독교박물관 측도 "경교의 한국 전래 가능성은 경주 불국사 경내에서 발견된 돌 십자가, 동제 십자무늬 장식, 마리아상 등을 통해서 추정할 수 있다"며 "이런 자료를 통해 볼 때 한국 기독교의 역사는 통일신라 시대까지 소급될 수 있을 것"이라고 본다.

물론 아직은 고증에서 불확실성이 적지 않고, 개연성의 범위를 크게 벗어나지 못하는 면도 없지는 않다. 그러나 1965년 경주의 불국사 경내에서 발견된 돌 십자가와 2점의 철제 십자문 장식, 그리고 마리아 소상小像은 흥미로운 발견이 아닐 수 없다.

17
왜 인류의 역사는
배(선박)의 역사인가?

■ 인류의 역사는 배의 역사라 불릴 만큼 인류는 바다와 밀접한 관계를 가지며 발전해왔다. 여기서 인류와 바다가 밀접한 관계를 맺도록 한 매개체는 바로 배(선박)라고 할 수 있다. 인간은 원시시대 때부터 뗏목이나 통나무배를 만들어 삿대, 노, 돛 등을 이용하여 강과 호수에서 생활해왔다.

성경에도 인류 최초의 배인 노아의 방주 이야기가 나온다. '노아의 방주'는 모든 배의 원형이다. 노아의 방주는 용골龍骨, 선박의 선미에서 선수까지로 보통 선저 중앙에 길이 방향으로 설치된 등뼈 구실을 하는 주요 구조재이 평평하고 갑판이 세 개인 선체가 긴 바크선이다. 방주와 아라랏(아라라트) 산은 수많은 전설의 중심에 있다. 실제로 화석이 된 조개와 동물들이 산에서 발견되었다. 제정러시아 시대에 학자들이 노아의 방주 일부를 발굴했는데,

10월 혁명 이후에 사라졌다는 풍문이 나돌았다. 오늘날에도 위성 사진으로 방주의 흔적을 발견하려고 노력하고 있다. 1955년 7월 6일 스페인 사람 페르난드 나바라는 얼음 덮인 산에서 나무 들보를 발견했는데, 이를 조사한 보르도 대학의 선사시대 연구소의 분석 결과에 의하면 약 5000년 전의 것이라고 한다.

강과 바다에 적응해온 인류는 배와 더불어 살아야 했고 탁월한 선박 건조 기술도 발전시켰다. 돛의 발명은 바퀴의 발명보다 인간에게 더 넓은 공간을 열어주었다. 비행기가 대량 생산되기까지 멀리 떨어진 나라, 대륙과 문명권 사이의 교류는 무엇보다도 바닷길을 통해서 이루어졌다.

배의 기원은 이집트까지 거슬러 올라간다. 생활의 진보에 따라 이집트의 파피루스선과 같은 배가 출현하게 되었고, 목재를 조립해서 배를 만들게 되었다. 고대 무덤의 벽화를 보면, 기원전 2500년경에 이집트에서는 이미 돛과 노로써 움직이는 목선이 있었다. 또한 이 배는 키를 장비하고 있었다. 이집트의 고고학자에 의하면 파라오의 시대에 이미 조선술이 매우 발달해 있었다. 지금까지 발견된 것 가운데 가장 오래된 배는 파라오 케옵스의 바크선$^{\text{Cheop's Barke}}$이다.

빅토리아호는 페르난도 마젤란이 탐험 때 탔던 유명한 배다. 1519년, 마젤란은 에스파냐 왕실의 지원을 받아 5척의 배와 270명의 선원으로 구성된 함대를 이끌고 서쪽으로 출발했다. 그는 대서양을 횡단하여 남아메리카의 대서양쪽 해안을 따라 남쪽으로 내려갔다. 제일 남단에 이르러 처음 들어가는 해협에서 폭풍우 등에 휘말려 배 2척을 잃는 고생 끝에 반대쪽 바다에 이르렀고, 너무 험난하게 해협을 건넌 직후에 마주한 잔잔한 바다에 감격하여 태평양이라 이름 지었다. 그리고 그가 지나온 해협은 후에 마젤란 해협으로 명명되었다.

108일간의 항해 끝에 마젤란 함대는 1521년 4월에 필리핀의 막탄^{Mactan} 섬에 도착했다(이것이 필리핀에 가톨릭이 전파된 유래다). 필리핀에서 마젤란은 원주민들 간의 싸움에 휘말려 목숨을 잃었다. 지도자를 잃었지만, 살아남은 그의 부하들은 서쪽으로 항해를 계속했고, 1522년에 출발할 당시 5척의 배와 270명의 선원으로 구성되었던 함대는 빅토리아호 1척과 18명의 선원으로 줄어들어 에스파냐로 겨우 귀환했다. 이 항해로 마젤란은 지구가 둥글다는 사실을 실질적으로 입증하게 되었다.

인류의 역사는 바다 위에서 이루어졌다. 고대 로마, 영국 등 세계의 주도권을 잡은 제국들은 바다를 지배했다. 고대 그리스 아테네의 정치가인 테미스토클레스^{Themistocles}는 아테네를 해상 강국으로 만들었으며 BC 480년 살라미스 해전에서 승리를 거두어 그리스가 페르시아 제국에 예속되는 것을 막았다. 그는 "바다를 제패하는 자가 세계를 제패한다"라고 말했다. 인류의 역사는 배의 역사다.

18
청교도는 금욕주의자였나?

■　　청교도 사상을 가리키는 '퓨리터니즘^{Puritanism}'이란 말은 매우 풍부하고 다양한 내용과 뜻을 가지고 있다. 일반적으로 퓨리터니즘은 성경을 토대로 하고 성령의 인도하심을 받은 사람들이 교회를 순화하고 그것을 신성한 영적 공동체로 승화시킴으로써 국가와 사회를 그 기초 위에 건설하려고 헌신한 모든 사람들의 이념이라고 할 수 있다.

영국의 퓨리터니즘 운동은 엘리자베스 여왕 치세 하에서 발생했다. 헨리 8세(1509~1547 재위)에 의해 단행된 영국의 종교개혁은 그리 철저하지 못했으며 미완성으로 끝나고 말았다. 본래 종교적인 동기에서보다는 정치적 동기에서 개혁이 추진되었으므로 교리와 예배의식은 구태의연했다. 그 결과 등장한 '성공회(영국 국교회)' 체제에

반기를 들고 나선 사람들이 청교도淸敎徒, Puritan였다. 청교도의 이념을 요약하면 다음과 같다.

1) 로마 가톨릭 교회가 시행하고 있는 일체의 형식과 예배 의식의 잔재를 일소시킴으로써 영국 교회를 정화한다.
2) 교회의 전통 대신에 성경과 이성을 권위의 최고 근원으로 삼는다.
3) 청교도 신학은 칼뱅주의적 신학을 지향한다.
4) 영국 국교회성공회, Anglicanism의 미온적 내지 제한된 개혁을 배격한다.
5) 신자의 철저한 윤리적 행동과 생활을 강조한다. 즉 극장 관람, 카드놀이, 춤(무도회)을 금한다.
6) 주일을 거룩하게 지키고 세속적인 일을 일절 금한다.

청교도의 삶을 연구하면 매우 흥미롭다. 그들에게 돈은 본질적으로 악한 것이 아니었다. 돈과 사유재산을 합법적인 것으로 보았다. 그럼에도 그들은 부를 종종 축복보다는 유혹으로 보았다. 따라서 자신의 만족을 위해 부를 사용하는 것에 대해서는 가차 없는 비난을 가했다. 물질적 풍요는 사람이 자족감을 느끼게 하고 하나님이나 이웃을 필요로 하지 않게 하기 때문에 위험할 수 있었다. 부자는 하나님을 부인하고 오만하게 하나님을 멸시할 수도 있다고 생각했다.

청교도는 금욕주의자들이 아니었다. 1650년의 뉴잉글랜드는 단정하고 깨끗하고 훌륭하게 지어진 집들에는 훌륭한 가구들이 있고 과수원에는 아름다운 과실나무들이 가득하고 정원에는 갖가지 꽃들이 가득한 땅으로 묘사되었다. 그들이 소유하고 사용한 물건들에는 때로 장중하게 장식된 많은 은이 포함된다. 정교하게 만든 포도주잔, 큰 잔, 주전자들은 흔한 소유물이었다. 그릇, 접시, 잔들은 종종 밝은 색으로 꾸며졌다. 화려한 색깔의 의상들은 현존하는 의상들과 그들의 초상화에서도 입증된다. 화려하게 장식된 옷상자, 장롱, 의자들이 청교도 가정들에서 종종 발견되었다.

1850년에 간행된 너대니얼 호손Nathaniel Hawthorn의 장편소설 『주홍글씨』는 17세기 청교도의 식민지 보스턴에서 일어난 간통 사건을 주제로 다룬 19세기 미국 문학의 걸작이다. 너대니얼 호손의 이 작품은 청교도적인 전통의 '악과 도덕적 책임'에 입각하여 인간의 내면적인 문제를 집요하게 잘 표현하고 있으나 다소 현실성이 부족하다는 평을 듣기도 한다. 그리고 작가에 의해 표현된 청교도의 모습은 진정한 청교도 정신이나 그 삶에서 다소 멀리 떨어져 있다. 따라서 이 작품에서 받은 인상으로 청교도를 이야기하는 것은 청교도에 대한 공정한 평가가 되기 어렵다.

19 초대교회 박해의 원인은 무엇인가?

■ "그들이 돌로 스데반을 치니 스데반이 부르짖어 이르되 주 예수여 내 영혼을 받으시옵소서 하고 무릎을 꿇고 크게 불러 이르되 주여 이 죄를 그들에게 돌리지 마옵소서 이 말을 하고 자니라"(행 7:59~60).

스데반은 기독교 최초의 순교자였다. 그는 예루살렘 교회가 뽑은 일곱 집사 가운데 한 사람이었다. 그가 죽을 때 사울(바울)도 그 자리에 있었다. "성 밖으로 내치고 돌로 칠 새 증인들이 옷을 벗어 사울이라 하는 청년의 발 앞에 두니라"(행 7:58).

초대교회 역사를 보면 그리스도인에게 있어서 순교는 그들의 신앙을 견고하게 무장시키고, 기독교를 온전히 지키며 전파하는 최고의 방법이었다. 로마제국 치하에서 그들은 순교의 형장으로 끌려갈 수밖에 없었고, 신앙을 지키기 위해 로마의 무덤 동굴(카타콤)로 가야 했다.

박해의 원인은 무엇인가? 초대교회 성도들은 많은 오해를 받았다. 첫째로 그들은 무신론자라는 오해를 받았다. 그리스도인들은 그리스·로마의 신들을 인정하지 않았다. 그 결과 그들은 신의 존재를 인정하지 않는 무신론자라는 오해를 받은 것이다.

둘째로 그들은 인육을 먹는다는 오해도 받았다. 비밀리에 은밀한 장소에 모여 행하는 성찬식이 그러한 오해를 불러일으켰다. 성찬식 중에 몸과 피를 언급했기 때문에 더욱 그러했으리라.

셋째로 그들은 반국가적인 존재로 오해되었다. 로마제국은 당시 사람들의 연합적인 조직이나 집회를 금지했다. 그런데 기독교는 로마제국 내의 광범위한 지역에서 감독을 중심으로 조직을 확대해갔다. 그들은 로마제국과 교회가 마찰을 할 경우 교회를 선택하는 등 강한 충성심을 보였다. 그리고 자신들을 '그리스도의 군사'라고도 불렀다. 이런 행위들은 로마제국에 하나의 반국가적인 조직체를 형성하는 징조로 보였다.

끝으로 기독교가 불법의 종교로 고발된 가장 큰 원인은 지금까지 알려진 바로는 황제 숭배를 반대했기 때문이었다. 로마의 종교들은 황제 숭배를 전통으로 삼고 있었지만, 기독교는 황제 숭배를 반대했다. 로마는 황제 숭배를 인정치 아니하는 종교는 불법으로 간주했다. 무엇보다 핍박의 가장 큰 원인은 황제 숭배의 거부에 있었다.

AD 64년 로마에 대화재가 발생했다. 그 당시 네로가 방화했다는 소문이 퍼졌다. 네로 황제는 그 책임을 기독교인에게 돌렸다. 그 결과 엄청난 박해가 일어났다. 이것은 공식적인 대박해로 역사에 1차 박해 기간의 시작으로 알려졌다. 로마의 역사가 타키투스^{Tacitus}는 네로의 잔학성과 포학성을 고발하는 기록을 남겼다. 네로 시대에 베드로와 바울이 로마에서 순교했다는 가설은 거의 정설로 받아들여지고 있다.

『명상록』의 저자 마르크스 아우렐리우스 황제는 스토아 철학의 마지막 대변자라고 할 수 있다. 그는 처음에 기독교에 대해 우호적이었으나 나중에 참혹한 박해를 가했다. 그는 기독교가 국가에 반한다고 생각하여 기독교를 박해했다. 이 시기에 라틴 교부^{敎父} 폴리갑^{Policarp}과 변증가^{辨證家} 저스틴 마티어$^{Justin\ Martyr}$가 순교했다. 박해 가운데에서도 놀라운 기독교의 확장이 일어났고, 특히 고위층 관리들이 믿음을 갖게 되었다. 귀족 사회에도 서서히 기독교 신앙이 스며들어갔다. 이와 같이 기독교는 박해 속에서 성장했다.

20
중세는 암흑의 시대였나?

 역사가들은 AD 500년경부터 1500년경까지의 시기를 중세Middle Ages라고 부른다. 암흑시대Dark Ages를 중세와 같은 뜻으로 사용하기도 한다.

서양 중세는 암흑시대였나? 중세 역사를 다각적으로 조명한 책 『중세에 살기』에 따르면, 중세에도 젊은 남녀가 '한솥밥을 먹기로' 결정하면 결혼을 했다. 부모의 사랑은 지금과 크게 다르지 않았다. 어머니가 된 여성들은 자식들을 사랑했고 공들여 키웠으며 자상하게 돌보았다. 또한 아버지들도 어머니들 못지않았다. 부부에게 아이가 많을 때나 어머니가 몸이 불편하거나, 특히 가난하여 달리 일손을 구할 수 없는 가정에서는 더욱 그러하였을 것이다. 아이가 자라서도 아버지는 아이들 곁에서 큰 역할을 했다.

물론 중세 사람들은 현세와 내세를 따로 떼어 생각하지 않았다. 지옥에 대한 두려움과 천국에 대한 소망은 신자들의 삶에 영향을 미쳤다. 중세의 모든 사람은 부활과 심판에 대한 성서의 가르침을 공유했다. 살아 있는 자들은 점점 더 영혼의 운명에 주목했다. 초대교회 때부터 등장한 연옥 교리는 서서히 체계화되었다. 연옥에서 참회를 계속할 수 있었으므로 사람들에게 연옥은 희망이었다. 형벌은 불가피하였지만 영원히 계속되지는 않는 것이기 때문이다. 그 후 단테는 『신곡』에서 연옥에 천국이나 지옥과 같은 비중을 두었다. 그것은 이제3의 처소에 대한 새로운 믿음이 차츰 정착했음을 보여준다.

중세시대에 사형은 공공연한 구경거리였다. 물론 드문 구경거리였지만 강렬한 구경거리였다. 우선 사형이 언도되면 형 집행은 거의 즉시 이루어졌으며, 매우 엄격한 예식에 따라 행해졌다. 처형 방식은 죄인의 사회적 지위에 따라 달라졌다. 일반적으로 귀족들은 참수된 뒤에 매달아졌다. 왕권을 모독한 죄인들은 참수되었다. 이단자와 근친상간 등의 성범죄를 지은 자들은 화형에 처해졌다.

중세기에도 프랑스는 유행의 중심지였다. 15세기에는 프랑스식 복식이 전 유럽을 지배하게 되었다. 유행은 유럽에 궁정들이 생겨나면서 나타났다. 유행은 프랑스의 궁정들에서 나와 전 유럽으로 퍼져나갔다.

가톨릭교회의 입장에서 볼 때 중세는 역사상 전무후무할 정도의 전성기였다. 중세 사상의 정수라 할 수 있는 스콜라 신학Scholasticism이 완성된 것도 바로 이때였다. 스콜라 신학의 완성자인 토마스 아퀴나스는 파리 대학을 졸업하고 파리 대학 신학부에서 평생을 연구하고 가르친 중세의 대표적인 사상가가 되었다.

중세는 1000년이 넘는 시간대에 걸쳐 있다. 사상사의 맥락에서도 중세의 의미는 결코 과소평가되어서는 안 된다. 사상사에서 1000년을 뛰어넘어 역사나 사상을 연구한다는 것이 어떻게 가능하겠는가?

17세기의 역사학자들과는 달리 현대의 역사학자들은 중세를 경멸하지 않는다. 이 시기에 '암흑시대'라는 한마디 말로 단순화할 수 없는 중요한 발전과 업적이 이루어졌기 때문이다.

21 콘스탄티누스 황제는 최초의 기독교인 황제였나?

■   "각 사람은 위에 있는 권세들에게 복종하라. 권세는 하나님으로부터 나지 않음이 없나니 모든 권세는 다 하나님께서 정하신 바라"(롬 13:1).

이 말씀에 대한 해석과 이해는 해석자에 따라 미묘한 차이가 있을 수 있을 것이다. 때로는 세상 정부의 권세자들에 대해 어떤 태도를 취해야 할지 혼란을 느끼는 이도 있을 것이다.

국가와 교회와의 관계는 단순하게 다룰 수 있는 주제가 아니다. 초대교회가 박해를 받던 자리에서 벗어나 하나의 종교로 공인되었을 때 양자의 관계에는 급격한 변화가 있었다.

313년 봄, 콘스탄티누스는 '밀란 칙령 The Edict of Milan'이라는 포고령을 선포하여 기독교로 하여금 로마 제국 내에 있는 다른 종교들과 함께 법률 앞에서 동등한 지위를 얻게 했다. 소수파였던 기독교는 4세기 말에 로마제국의 종교가 되었다. 또한 교회와 로마제국 그리고 이방 종교 사이의 관계는 끊임없이 변화하고 있었다. 4세기는 교회사에서 새로운 전기를 여는 시기였다. 많은 기독교인들은 콘스탄티누스를 하나님께서 보내주신 '로마제국 최초의 기독교 황제'로 환호하며 맞이했다.

콘스탄티누스 대제는 직접 간접으로 교회를 위해서 많은 일을 했다. 이전에 이교 사제들이 누리던 특권을 기독교 성직자들에게 주었다. 교회는 이교 사원과 동일한 권리를 갖게 되었다. 콘스탄티누스는 칙령을 내려 몰수되어 있던 교회 재산을 반환하고 국가가 교회를 보조하도록 하며, 성직자에게는 공적인 의무를 면제하고 점쟁이를 금하고, '태양의 날 Day of the Sun'을 안식과 예배의 날로 정했다. 그는 재위 기간 중에 기독교에 대해 물질적 특혜와 법적 특권을 부여했다. 313년에 그는 로마 감독에게 라테란 궁전을 기부하여, 후에 이곳에 콘스탄티누스 대성당(지금의 조반니 대성당)이 건립되었다.

이런 변화는 기독교 문화에 커다란 영향을 미쳤다. 공휴일에 로마인들은 시를 쓰고 노래를 부르고 그림을 그리는 데 여가 시간을 보냄으로써 예술의 발달을 가져왔다.

콘스탄티누스는 사생활에 있어서 그리스도인임을 공인했고, 그의 가족은 모두 신자로서 성실하게 신앙생활을 했다. 전설에 의하면 337년 그는 임종을 앞두고 침상에서 세례를 받았다. 세례를 미루는 일은 '인간의 죄를 피하기 위한 계략'으로써 그 당시에는 관습적으로 유행하던 것이었다. 당시 사람들은 그와 같이해서 죄에서 정결케 되어 천국에 들어갈 것을 소망했다.

"콘스탄티누스는 그리스도인이었나?" 이 질문에 대해 긍정적인 대답을 한 사람이나 부정적인 대답을 한 사람이나 모두 이것이 가장 중요한 질문이라고 가정해왔다.

일부 가톨릭 교회사가의 입장을 제외하면 대부분의 교회사가는 콘스탄티누스의 '개종'과 신앙에 관하여 부정적으로 평가하고 있다. 사실 콘스탄티누스의 개종이 정확하게 어떤 성격이었는지에 대해서는 아직까지 의견이 일치하지 않는다.

물론 콘스탄티누스 아래에 일어난 큰 변화가 교회에 있어서 축복된 일인가 아닌가 하는 물음에 대해서는, 간단히 '그렇다' 또는 '아니다'라고 대답하기는 어렵다.

그러나 콘스탄티누스의 후계자들 밑에서 절대적인 국가교회의 제도가 시작되었다. 결국 중세 교회는 국가에 대해서 잘못된 의존관계에 빠지게 되었다.

22
『홍길동전』을 쓴 허균은
조선 최초의 기독교인인가?

■   허균이 태어나 성장하고 활동한 16세기 후반에서 17세기 초에 이르는 시기는 내우외환에 시달리며 중세의 지배질서 체제가 크게 흔들리는 가운데 사회 전반에 걸쳐 변혁의 움직임이 움트던 시대였다. 이러한 시대 분위기 속에서 허균은 다방면의 서적들을 섭렵하며 생각의 폭을 넓히고 감성을 담금질해가면서, 당시로서는 선뜻 내보이기 어려운 진보적인 사고방식을 키워나갔던 것으로 보인다.

허균은 5세 때 글을 배웠고, 9세 때 시를 써 칭찬을 받았다. 12세에 아버지를 잃고 그는 시 공부에 더욱 매진하게 되었다. 그는 시를 조선 3당唐 시인의 한 사람으로 불리는 이달에게서 배웠는데, 이달은 그의 시뿐만 아니라 정신적으로도 큰 영향을 미쳤다.

허균의 아버지 허엽許曄은 성리학에 밝아 학자, 문장가로 이름이 높았고, 정치가로서 청백리에도 올랐다. 허균이 한성 건천동乾川洞, 지금의 서울시 중구 인현동 부근에서 태어날 당시 허엽은 승지承旨로 있었는데 대사헌大司憲까지 되었으며 동인의 우두머리였다. 허균의 가정은 부유했지만 자신이 후처 소생이라는 것은 균에게 상당한 고민거리였고, 후에 많은 영향을 미쳤을 것으로 생각된다. 비록 서자는 아니지만 후처의 자식이었기에 서자의 심정을 충분히 이해할 수 있었다. 그래서 『홍길동전』의 주인공 홍길동을 서자로 설정한 것도 이런 이유에서 연유되었을 것이다.

고대소설 『홍길동전』은 조선 시대 문신이자 소설가인 허균이 지은 우리나라 최초의 국문 소설의 효시가 되는 작품이다. 이 소설은 기존 고전 소설들이 가지고 있는 한계를 극복한 작품이기도 하다. 대부분의 고전소설이 소재와 인물, 배경 등을 중국에서 취해온 반면, 이 작품은 우리나라를 무대로 삼고 있으며 한글로 표기하여 서민들에게까지 독자층을 확대시킨 점에서 진정한 한글 소설의 출발점으로 평가되고 있다.

허균의 생애는 파란만장 그 자체였다. 그는 유학의 터전에서 자라났으나 정통 유학 쪽에서는 이단자로 몰렸다. 목에 염주를 걸고 날마다 부처를 배례하는 자칭 불제자인가 하면, 천주학에도 관심을 나타낸 폭넓은 사상의 소유자였다. 그는 실학의 선구자로 불리기도 하지만 동시에 이상 국가를 꿈꾼 이상주의자이며, 평등 사회를 지향한 반봉건적 정치사상가였다.

기록에 의하면 1610년(광조 2년)에 명에 사신으로 갔던 허균은 천주교의 기도문인 『게십이장偈十二章』을 얻어왔다고 한다. 당시 북경에서는 『홍길동전』이 인기를 끌고 있었으며 『천주실의』 등의 저서가 중국에 큰 영향을 끼치고 있었다. 허균이 두 번째 북경에 갔을 때 천주교 신자가 되었다는 말이 있다. 사실 학계 일각에서는 허균이 한국 최초의 천주교 신자라는 주장이 제기되어왔다.

박지원도 『연암집』에서 이렇게 말했다. "『게십이장』이 있는데 허균이 중국에 사신으로 가서 얻어온 것이다. 그렇다면 서교西敎가 동쪽으로 온 것은 아마 허균으로부터 시작되어 주창된 것일 게다. 지금 서교를 배우는 무리들은 허균의 뒤를 좇는 무리들이다."

이규경은 『택당집澤堂集』에서 이렇게 썼다. "허균이 처음 천주교의 책을 얻어가지고 와서 배우고는 말하기를, '남녀의 정욕은 곧 천성이요, 윤기의 구분은 성인이 가르친 것이다. 하늘이 성인을 내어 가장 높였으니 내 하늘을 따를 것이요 성인을 따르지는 못하겠다' 하니, 그 천주天主를 믿는 조짐이 이에 나타났다."

허균이 심정적으로 천주교에 호감을 느끼고 종교의 수준에서 관심을 가졌는지는 정확히 알 수 없다. 그러나 『홍길동전』과 같은 작품 속에서 그 영향을 헤아려보는 것은 흥미로운 일임이 분명하다.

23 공자가 죽어야 나라가 사는가?

■ 2005년, 갑골학^{甲骨學}으로 박사 학위를 받은 중어중문학과 교수가 겁도 없이(?) 도전적이고 자극적인 제목의 책을 세상에 내놓았다.『공자가 죽어야 나라가 산다』가 바로 그 책이다. 그러자 이어서 다른 저자의『공자가 살아야 나라가 산다』는 책도 출간되었다.

『공자가 죽어야 나라가 산다』는 한국의 유교 문화를 비판한 책이다. 저자 김경일 교수는 이 책을 통해 공자의 도덕은 사람을 위한 도덕이 아닌 정치의 도덕이었고 기득권자를 위한 도덕임을 비판하며, 새로운 문화적 개방성을 주장하고 있다. 반면『공자가 살아야 나라가 산다』는 김경일 교수의 저서를 반박하기 위해 집필된 책으로 아시아적 가치의 핵심인 유교 문화를 올바로 이해하고 서구의 과학주의와 조화를 모색할 것을 주장했다.

김 교수의 책이 나왔을 때, 도포자락에 흰 수염을 늘어뜨린 유림들은 성균관을 중심으로 '버르장머리 없는 젊은 놈'을 손보겠다며 저자에게 격렬한 항의를 했다. 유림 기관지인 『유교신문』은 김 교수의 책을 요서妖書, 요망한 책이라는 뜻로 규정하기도 했다.

저자는 유교와 공자를 우리 사회 곳곳에 자라고 있는 '곰팡이'에 비유하는가 하면 공자를 거짓말쟁이라고 하고, 유교가 끼치고 있는 근원을 '공자 바이러스'라고 부른다. "나는 우리 사회 곳곳에 검은 곰팡이처럼 자라고 있는 유교의 해악을 올바로 찾아내고 솎아내지 못한다면 우리의 미래는 없다고 단언하고 싶다"라고 다소 극단적인 표현도 마다하지 않았다.

한국은 동아시아에서 유교에 대한 집착이 가장 강한 나라다. 지난 1995년 한·중·일 학자들에게 "유교적 동양 문명이 근대 세계의 보편 사상이 될 수 있을 것인가?"라고 설문한 결과에 따르면 중국의 22퍼센트, 일본의 63퍼센트만이 고개를 끄덕인 반면 한국은 90퍼센트가 '그렇다'고 답했다. 따라서 우리나라는 중국보다 4배나 높은 유교 충성도를 자랑하는 나라인 셈이다.

김경일 교수는 공자의 도덕이 '힘 있는 자'와 '돈 가진 자'를 위해 봉사할 수밖에 없는 태생적 한계를 지니고 있다고 말한다. 그리고 유교적 가치와 행동을 반복한다면 우리는 언제든지 다시 주저앉고 말 것이라고 경고한다. 한마디로 그는 유교의 유효기간이 이미 끝났다고 선언한다.

물론 이런 주장에 대해 모두가 동의하는 것은 아니다. 왜냐하면 한상진 교수(전 정신문화연구원장)는 현재의 위험 사회, 위험 문명을 극복하려면 유교의 민본주의民本主義를 되살려야 한다고 주장하기 때문이다.

『공자가 죽어야 나라가 산다』에서 그의 주장은 진지하지만, 한 평자가 지적했듯이 그의 글에는 만악萬惡의 원인을 유교로 돌리는 성급함도 엿보인다. 유교가 우리 삶의 과거와 현재에 끼친 과오에 대한 철저한 책임 추궁을 하려는 그의 심정에 부분적으로 동의한다고 해도 말이다.

어쨌든 우리는 앞으로도 공자로부터 자유로울 수는 없을 것 같다. 어린이들도 『논어』의 가르침 중에 한두 마디는 배우며 살아가고 있기 때문이다. 그리고 순진무구하고 또는 무지몽매한 사람들에게 '공자님 말씀'은 때때로 삶의 지침이 되기 때문이다.

공자의 출생과 관련하여 사마천의 『사기』에는 "공자의 부모가 이구산尼丘山에 기도를 드리고 공자를 낳았다" 했고, 반고班固의 『백호통白虎通』에는 "공자의 머리가 노魯나라에 있는 이구산을 닮아서 가운데는 낮고 사방 둘레가 높아 이구산의 구丘 자를 이름으로 정했다고 한다. 그래서 '공구는 짱구'라는 말도 생겨난 것이다.

공자는 사실 세 살에 아버지를 여의고 열세 살에 어머니를 잃었다. 고아로 살던 소년 시절에 그는 몇 날 동안 "사람은 어디서 와서 어디로 가는가?" 고민을 하며 밥도 먹지 않고 잠도 자지 않았다. 그때 내린 결론이 놀랍다. "15세 내 머리로는 알 수 없는 문제구나! 공부를 해야겠다." 공구는 자신의 한계를 깨닫고 학문에 뜻을 두게 되었다.

"나는 열다섯 살에 학문에 뜻을 두었고, 서른 살에 독립했고, 마흔 살에 현혹되지 않았고, 쉰 살에 천명을 알았고, 예순 살에 남의 말을 순순히 듣게 되었고, 일흔 살에 마음 내키는 대로 좇아도 법도를 넘지 않았다"(『논어』 위정편 2-4).

공자가 죽어야 나라가 사는가? 이 물음에 대한 답은 이제 당신 몫이다.

24
동양 사상과 서양 사상은 만날 수 있는가?

■ 낙타를 처음 본 미국인과 독일인의 반응에 관한 이야기가 있다. 미국인은 "저 동물을 말이나 나귀처럼 운송 수단으로 사용할 수 있을까?"라고 묻는다. 실용주의적 접근이다. 독일인은 질문 자체가 다르다. "저 동물은 어떤 종種, 어떤 속屬에 속하는가?" 누구의 발상인지 모르지만 나름대로의 통찰이 엿보이는 우스갯소리다.

동일한 사물을 보면서도 이와 같이 다른 생각을 하는 까닭은 무엇일까? 그것은 세계관이 다르기 때문일 것이다. 바꾸어 말하면 사람들이 세상을 바라보는 인식의 틀은 서로 다르다. 특히 동양과 서양을 이런 관점에서 비교하는 것은 매우 흥미로운 일이다.

동양 사상은 흔히 자연과 인간의 심신, 내부, 그리고 인간과의 관계 등에 관심을 갖는다. 예를 들면 자연 속에서 큰 이치나 사상을 발견해내기도 하고 자연을 있는 그대로 보면서 풍류를 즐기기도 한다. 이에 반해 서양철학은 분석적이고 해석적이다. 동양 사상에는 인간을 자연의 한 부분으로 이해하고 때로는 자연과 동화되려고 한다. 반면 서양철학에서는 과학이라는 이름으로 현상의 원인과 이유를 밝혀내려고 한다. 그뿐만 아니라 발견과 개척을 명분으로 자연 파괴적인 개발을 해온 것도 사실이다.

동양과 서양의 차이는 공간의 이해에서도 나타난다. 예를 들면 동양은 4四를 중심으로 이해하고 서양은 원圓을 중심으로 이해한다는 것이다. 동양에서는 "사방四方을 살핀다"라고 말한다. 서양에서는 "주위를 빙 둘러 살핀다look around"라고 표현한다. 말하자면 동양은 세상을 네 방향을 기본으로 해서 이해하고, 서양은 원을 근간으로 생각한다는 것이다.

도시를 건설할 때에도 이런 차이가 반영되었다. 서울은 사대문四大門을 위시하여 사방 40리로 그 크기를 표현했지만 로마제국의 경우 모든 길이 로마로 통하도록 방사형으로 뻗어나갔다. 이러한 방사형 도로 계획은 파리를 비롯하여 많은 유럽 도시들의 특징이다.

혹자는 동양에서는 동서남북의 중심에 위치한 나를 중심으로 하여 사방이 나를 둘러싸고 있다는 인간 중심 사상이 발달했고, 서양에서는 둥근 원 안에 절대자를 모시는 신神 중심주의 사상이 발달했다고 말한다. 흥미로운 발상이지만 그리 설득력은 없어 보인다.

동양 사상은 서양 사상과 어떻게 다른가? 이 질문에 대한 답은 사실 어렵다. 대개 서양 사람들은 사물과 사람의 사고를 분석한다고 말한다. "이 사건은 왜 일어났을까?", "이것을 구성하는 요소는 무엇일까?", "이 저자는 어떤 근거로 이런 주장을 하는가?" 등이 그러한 예다.

하지만 동양 사람들은 사물이나 사람의 사고를 관계로 파악한다고 한다. "이 일이 일어난 이후의 결과는 어떠한가?", "이것을 어떻게 사용해야 사람들에게 이로운가?", "이 사람의 주장은 사람들과 사회에 어떤 영향을 미칠까?"

물론 이런 비교는 지나치게 피상적인 것일 수 있다. 서양인이라고 다 같은 사고의 패러다임을 가지고 있지는 않다. 동양인도 서양식 교육을 받아 서양 사상의 세례를 받기도 한다. 문제는 큰 흐름에서 볼 때 어느 정도 이런 차이를 확인할 수 있다는 것이다.

이제는 통섭通涉, Consilience을 이야기하는 시대에 살고 있다. 통섭은 '지식의 통합'이라고 부르기도 하며 자연과학과 인문학을 연결하고자 하는 통합 학문 이론이다. 이러한 생각은 우주의 본질적 질서를 논리적 성찰을 통해 이해하고자 하는 고대 그리스의 사상에 뿌리를 두고 있다. 자연과학과 인문학의 두 관점은 그리스 시대에는 하나였으나 르네상스 이후부터 점차 분화되어 현재에 이르고 있다.

오늘날 동양 사상과 서양 사상의 상호 연관성은 강화되고 있다. 21세기는 과학사상의 발전을 바탕으로, 서양 사상과 동양 사상이 통합되어 새로운 사상이 도출될 시점인 것이다. 통섭을 지식의 통합이라는 면에서 이해한다면, 동양과 서양의 패러다임은 상호 보완적으로 기능할 수 있지 않을까. 사실 이런 방향으로 이미 물꼬가 터졌는지도 모른다.

25
일관성 있고 통일된 삶을 위해 무엇이 필요한가?

■ "이는 사두개인은 부활도 없고 천사도 없고 영도 없다 하고 바리새인은 다 있다 함이라"(행 23:8).

사두개인들은 자유주의적이고 합리주의적인 생각을 가지고 있었던 사람들이다. 이들은 바리새인과 달리 부활과 천사와 영의 존재를 믿지 않았다. 이것은 신앙고백의 차이일 뿐만 아니라 세계관의 차이라고 말할 수 있다.

제임스 사이어 James Sire 는 『기독교 세계관과 현대사상』에서 세계관이란 이 세계의 근본적인 구성에 대해서 우리가 의식적으로든, 무의식적으로든 가지고 있는 일련의 '전제들'이라고 했다. 세계관이란 무엇인가? 단순하게 정의하면 세계관은 이 세상을 바라보는 각자의 관점과 관련이 있다. 따라서 사람마다 그 나름의 세계관이 있다. 다만 얼마나 정교한 내용과 논리적 근거를 가지고 있느냐에 따라 큰 차이가 있다. 프란시스 쉐퍼는 우리 인류의 역사와 문명은 정신세계의 소산이며, 이 정신세계의 방향을 결정하는 것이 인간들이 가지고 있는 세계관이라고 말했다. 그에 의하면 세계관은 일종의 패러다임이다.

세계관이란 인식과 판단의 기본 틀이다. 그것은 어떤 사람이 사물들에 대해 갖고 있는 근본 신념들의 포괄적인 틀이다. 유신론이 있고 무신론이 있다. 무신론적 실존주의가 있고 유신론적 또는 기독교적 실존주의가 있다. 이신론理神論이 있고 불가지론이 있다. 국가 권력 및 사회 권력을 부정하고 개인의 완전한 자유가 행해질 수 있는 사회 실현을 주장하는 사람(무정부주의자)도 있다. 우리는 그를 아나키스트Anarchist라고 부른다.

우리가 자신의 세계관을 검토해보고, 올바른 세계관을 갖는 것이 왜 중요한가? 그 이유는, 사람은 자신이 가진 세계관에 따라서 그 인생이 결정되기 때문이다. 사람은 자신이 선택한 세계관이 어떤 것이냐에 따라 진정 의미 있고 가치 있는 삶을 살 수도 있고, 전혀 무의미한 삶을 살 수도 있다.

신국원 교수에 따르면, 세계관은 나는 누구인가, 나는 어디에 있는가, 무엇이 잘못되었는가, 그 치료책은 무엇인가 등의 종교적 질문에 기초한 것으로 설명한다. 즉 세계관에는 의식·무의식적으로 존재의 근원에 대한 설명, 인간에 대한 설명, 악과 죄에 대한 설명, 악과 죄의 극복의 길에 대한 설명, 삶·문화·역사의 의미와 방향에 대한 설명이 포함되어 있다.

올바른 세계관은 일관성 있고 통일된 삶을 위해 필요하다. 삶의 통일성은 곧 인생의 목적과 관련되어 있다. 인생의 바른 목적은 통일적인 삶이 전제되어 있지 않으면 확립될 수 없다.

올바른 세계관은 생동적인 삶을 위해 필요하다. 생동적인 삶은 올바른 생의 의미가 확립될 때만이 가능하며, 의미 있는 인생관은 건전한 세계관에서 나온다.

올바른 세계관은 바른 사고와 행동의 방향을 설정하기 위해 필요하다. 역사상 이 시대만큼 복잡하고 다원화된 사회는 없었다. 삶의 현장에서 개인의 선택은 세계관에 기초하여 이루어진다. 세계관은 특정한 과제를 선택하도록 지시하고 삶의 전반적인 목적을 부여하며 도덕적 판단의 근거를 제공한다.

무엇보다도 올바른 세계관을 가질 때 우리는 살아가면서 무엇이 더 귀중하며 무엇이 덜 귀중한가를 바르게 판단할 수 있으며 인생을 허비하지 않고 살 수 있다.

26
인간과 동물의 결정적인 차이는 어디에 있는가?

■   최근 부각된 학문 분야 중 하나는 '사회생물학'이다. 사회생물학이란 사회적 행동에 대한 생물학적 근거를 체계적으로 연구하는 학문이다. 이 용어는 미국의 생물학자 에드워드 윌슨의 저서 『사회생물학: 새로운 종합 *Sociobiology: The New Synthesis* 』(1975)에 의해 대중화되었다. 사회생물학에서는 동물과 사람의 사회 행동이 자연 선택과 그 밖의 생물학적 과정으로 이해되고 설명된다. 사회생물학은 어떤 동물의 종種들에서 나타나는 이타행위도 유전적으로는 이기적인 것이라고 설명한다.

윌슨은 종교와 윤리를 포함한 인간의 모든 사회 행동은 결국 생물학적 현상에 불과하며 집단생물학과 진화학적 방법론으로 분석될 수 있다고 주장한다. 그는 벌, 개미, 흰개미 등 사회성 곤충들의 행동과 그들이 구성하는 사회의 구조가 원숭이나 심지어는 인간의 사회적 행동과 근본적으로 다르지 않다고 주장한다.

이와 같이 '사회생물학'이 인간의 본성을 말하는 방식은 기존의 인간 이해와 크게 다르다. 따라서 인간은 다른 동물보다 본질적으로 우월한가라는 질문 자체가 우문이 된다.

흔히 인간의 우월성을 이야기할 때 인간의 소통 능력을 지적한다. 인간은 동물보다 훨씬 발달된 언어를 가지고 있다고 주장한다. 그러나 매트 리들리는 『본성과 양육』에서 이렇게 말한다. "우리는 인간이 언어를 가진 유일한 동물이라 믿었다. 그러나 원숭이에게는 다양한 포식자와 새의 종류를 가리키는 어휘가 있고, 유인원과 앵무새는 아주 많은 기호를 학습할 줄 안다는 사실이 밝혀졌다. 지금까지 동물이 문법과 구문론을 습득할 수 있다는 증거는 없지만 돌고래에 대해서는 명확한 판단이 유보된 상태다." 그에 따르면 개코원숭이가 최근 컴퓨터 판별 과제에서 높은 능력을 보임으로써 추상적 사고가 가능하다고 할 수 있다.

매트 리들리에 의하면, 인간과 고등동물의 심리적 차이는 아무리 크다 해도 정도의 차이일 뿐 종류의 차이는 아니다. 감각의 직관, 다양한 감정과 심적 기능들, 즉 사랑, 기억, 주의력, 호기심, 모방, 이성 등은 흔히 인간의 자랑거리로 간주된다. 하지만 때로는 하등동물에게서도 초기 형태 혹은 잘 발달된 상태로 발견된다고 그는 주장한다. 따라서 그는 인간과 동물 사이의 차이가 질적인 차이가 아니라 양적인 차이라고 말한다. "우리는 침팬지보다 더 잘 계산하고, 더 잘 추론하고, 더 잘 생각하고, 더 잘 대화하고, 더 잘 표현하고, 더 잘 숭배한다. 우리는 더 생생한 꿈을 꾸고, 더 강렬하게 웃고, 더 깊이 공감한다."

한편 마크 롤랜즈는 『동물의 역습』에서 동물들의 권익을 무시해서는 안 된다고 말한다. 그의 책은 1970년대 피터 싱어의 『동물 해방』이후 가장 도발적인 역작으로 평가받고 있다. 마크 롤랜즈는 동물에게도 도덕적 권리가 있다는 논증을 한 후, 이 논증을 토대로 채식주의, 동물실험, 동물원, 사냥, 애완동물, 동물 권리 행동 등의 문제를 다룬다. 그에 의하면 동물에게도 감정이 있고 통증이나 불쾌한 감정을 느낄 수 있기 때문에 동물은 인간과 생물학적 연속선상에 있는 존재다. 그는 이렇게 말하고 있다. "인간과 그 밖의 다른 동물들 사이에 가장 눈에 띄는 정신적 차이는 지능의 수준이다. 인간은, 간단히 말해서 다른 동물들보다 훨씬 똑똑하다. 이것은 분명한 차이다. 하지만 이것이 도덕적으로 적절한 차이인가? 지능의 측면에서 인간과 다른 동물 사이의 차이는 우리가 다른 동물을 대하는 현재 방법과 태도를 정당화하는가?" 그는 이러한 생각이 옳다고 보기는 힘들다고 주장한다.

일부 학자는 인간 언어와 동물 언어 사이에는 결정적인 차이가 없다고까지 생각하기도 한다. 그러나 오늘날 언어학자들은 언어의 기본 자질 및 인간이 갖고 있는 언어 능력이 다른 동물에 비해 훨씬 우월할 뿐만 아니라 이러한 언어 능력은 인간에게만 있음을 증명해 보이고 있다. 즉, 인간의 언어와 동물의 언어 사이에는 본질적인 차이가 있다는 것이다.

우리는 생물학자들이나 사회생물학자들의 연구 결과로부터 유익한 통찰을 얻을 수 있을 것이다. 그러나 진화론적 가설에 근거한 관찰과 그 결과를 무조건 수용하기는 어렵다. 창조론에 근거한 인간 이해를 향해 무차별적 공격이 이루어지고 있는 오늘날, 그리스도인들은 인문학적·과학적 지식에 근거한 변증의 실력도 키워야 하지 않겠는가.

27
인간은 왜 알고자 하는가?

■ 심리학자 매슬로우$^{A.\ Maslow}$의 동기이론에 따르면 인간은 누구나 자신의 타고난 가능성과 소질을 실현하려는 욕구가 있다. 따라서 자기의 재능과 능력의 표현과 발휘가 저지당하면 누구나 참을 수 없는 분노와 좌절감을 느끼게 된다. 또한 인간에게는 사물의 뜻을 알고 이해하려는 욕구도 있다. 지식을 획득하고 이해하는 것은 기본적 욕구의 충족을 위해서 필요하다. 소박한 호기심과 사물을 알고, 설명하고, 분석하고, 체계화하고, 이해하려는 욕구가 인간에게 있다는 것이다. 그리고 사람이 알고자 하는 지식의 종류는 다양하고 그 양量은 무한에 가깝다.

이제 세계는 지식경제 시대로 진입했다. 피터 드러커의 표현을 빌리면, 21세기는 '지식경제 시대', '지식기반 경제사회'이다. 지식기반 경제사회에서는 기존의 화이트칼라와 블루칼라의 구별도 없어진다. 오로지 자신이 하는 일을 개선 개발 혁신해서 자신의 부가가치를 높이는 '지식근로자'와 그렇지 못한 '지식소작인'만이 있을 뿐이다.

지식사회의 지식인은 산업사회에서와 같이 반드시 학벌 좋고 공부를 많이 한 사람을 의미하지 않는다. 두뇌 강국 건설에 필요한 지식은 책에 나오는 지식이 아니라 현장에서 활용되는 지식이라는 것이다.

지식경제 시대에서는 새로운 지식을 많이 축적하는 사회가 풍요로운 사회가 된다. 인터넷 홈페이지 검색도구에서 '지식'이나 '지식경영'이라는 키워드를 치면, 관련 홈페이지가 상상을 초월할 만큼 많이 나타난다. 실제로 미국 1000대 기업의 80퍼센트가 지식경영을 활용하고 있다.

드러커 교수는 "과거 노동과 자원이 없는 나라가 발전하지 못했듯이 앞으로는 지식이 없는 국가와 사회는 망할 것"이라고 단언했다. 그는 지식이 우리의 미래를 좌우하는 가장 중요한 요소라고 주장한다. 오늘날 지식의 가치는 과거 노동이나 자본에 이은 또 하나의 생산요소 의미를 뛰어넘고 있다.

지식에는 여러 종류가 있다. 학문적(이론적) 지식과 실용적 지식 그리고 현장 경험 지식이 있다. 지식사회에서 요구되는 지식은 '살아있는 지식'이다. 그 지식은 데이터나 정보 수준의 지식이 아니다. 현실 속에서 활용할 수 없는 지식은 아무리 많은 양을 보유하고 있어도 죽은 지식이라고 말한다.

한편 『청교도 명언집』을 보면 청교도가 지식에 관해 어떤 생각을 했는지 엿볼 수 있다. 그들은 전혀 다른 차원에서 지식을 이야기한다. 조셉 홀은 "지금까지 주어진 지식은 실천되는 것보다는 전달되는 것이 대부분이었다"라고 말한다. 지식이 지식 자체만을 위해서가 아니라 실천적 결과를 가져올 수 있어야 한다는 것을 강조하는 말이다. 존 밀턴은 이렇게 말했다. "하나님을 아는 것이 모든 배움의 목적이다. 따라서 하나님을 사랑하고 닮아가기 위한 지식이 우리에게 필요하다."

크리스천에게 근본적으로 중요한 지식은 '하나님을 아는 지식'이요, 신앙고백적 지식이다. 그럼에도 불구하고 지식경제 시대로 진입한 현실을 직시하면서 "오늘 우리에게 지식은 무엇인가?"라는 물음을 진지하게 던질 필요가 있지 않을까?

"명철한 자의 마음은 지식을 얻고 지혜로운 자의 귀는 지식을 구하느니라"(잠 18:15).

28
왜 세계는 전쟁을 멈추지 않는가?

■ 현재 전 세계 난민과 이재민은 약 3900만 명이다. 무력 분쟁 사망자의 90퍼센트 이상이 일반 시민이며, 그중 80퍼센트 이상이 전쟁과 아무런 상관없는 여성과 어린이다. 매달 800명의 어린이가 지뢰를 밟고 죽거나 발목 등 신체 일부가 절단되고 있다고 한다.

전쟁에 대한 기독교인의 태도는 무엇인가? 전쟁에 참여하는 성경적인 근거가 있는가? 이런 질문들은 기독교인 간에 상이한 반응을 나타낸다. 전쟁에 대한 기독교적 윤리에는 크게 말해서 세 가지 태도가 있다. 그것은 행동주의activism, 평화주의pacifism, 그리고 정전론just war theory이다.

행동주의는 정부의 명령에 복종하여 모든 전쟁에 참여해야 한다는 것이다. 반면에 전쟁에 나가서는 결코 안 된다는 견해는 평화주의 입장이다. 이 두 가지 견해는 각각 성서적 근거를 가지고 주장되고 있으나 성서의 가르침과 반드시 일치하는지는 의문이다. 정전론은 행동주의와 평화주의의 조합이다. 오직 정당한 전쟁에만 참가해야 하며, 부당한 전쟁에는 참가해서는 안 된다는 것이다.

평화주의자들은, 평화를 이룰 수 있는 전략은 교회가 본연의 모습이 되는 길이라고 주장한다. 이러한 교회의 존재 자체가 사회에 엄청난 영향을 미친다고 말한다. 즉 용서와 섬김의 공동체로서의 교회는 그 존재 자체가 보복적 앙갚음과 위압적 지배가 지배적 덕목인 이 사회에 생생한 대안 공동체의 증거가 될 수 있다는 것이다.

한편 정전론은 엄격한 기준과 조건들을 만들어 전쟁을 제한하고 평화를 조성하고자 하는 노력에서 나온 평화를 위한 이론이다. 정전론의 핵심은 정의에 대한 관심이다.

아우구스티누스는 이 세상에서는 때로 칼과 전쟁이 죄를 억제하고 평화를 회복하는 수단이 된다고 주장했다. 토마스 아퀴나스는 자연법 사상에 기초하여 사랑보다는 정의의 관점에서 정전론을 전개했다. 따라서 정당한 전쟁의 중요한 기준은 사회의 '공공선公共善'이다. 이들은 사회의 기본적인 도덕과 질서를 회복하고 보호하기 위해서는 전쟁도 배제할 수 없다고 주장했다. 아우구스티누스와 토마스 아퀴나스는 전쟁에 참여할 수 있는 조건에 대한 논의에 크게 기여했다. 이 입장은 루터와 칼뱅을 거쳐서 주요 개신교단들과 가톨릭교회 전통 안에 흐르고 있다.

20세기 최고의 강해 설교자 마틴 로이드존스는 〈하나님은 왜 전쟁을 허용하시는가?〉라는 설교(1939년)의 결론부에서 이렇게 말한다.

그러므로 우리가 정작 물어야 할 중요한 질문은 "하나님은 왜 이 전쟁을 허용하시는가?"가 아닙니다. 우리는 이렇게 물어야 합니다. "우리는 진정 교훈을 얻었는가? 이런 결과를 초래한 우리 마음의 죄와 인류의 죄에 대하여 하나님 앞에 참으로 회개하고 있는가?"

예수 그리스도는 화평의 주이시다. 정의를 옹호하고 평화를 회복하기 위하여 선별적인 전쟁이 필요하다고 할지라도 기독교인은 평화를 위한 노력을 부단히 경주해야 할 것이다.

29
왜 세계의 절반은 굶주리는가?

■ 굶주림과 아사餓死는 이 세상에 만연해 있다. 매일 3만 명의 어린아이들이 굶주림과 예방 가능한 질병으로 죽는다. 1300만 명이 해마다 예방 가능한 전염병과 기생충에 의한 질병으로 죽는다. 슬프게도 어린아이들이 가장 먼저 피해를 입는다.

몇 년 전 유니세프는 개발도상국에서 보건, 교육, 가족계획, 깨끗한 물 등을 포함한 기본적인 사회 복지 사업을 제공하는 데 들어가는 총비용이 매년 300억 달러에서 400억 달러가 될 것이라고 추산했다. 전 세계의 부자들은 해마다 골프를 치는 일에 이보다 더 많은 돈을 들인다.

한 저명한 경제학자는 절대 빈곤 가운데 살고 있는 12억 명과 같은 생활 방식을 채택할 경우 포기해야 할 '사치품'을 항목별로 분류

했다. 예를 들면 침대, 의자, 탁자, 텔레비전, 램프 등 모든 것을 치워 버려야 한다. 모든 가족은 '벽장'에 가장 낡은 외출복 한 벌, 셔츠나 블라우스 한 장만을 간직하게 될 것이다. 그 집 가장은 구두 한 켤레를 가질 수 있다. 그러나 아내나 아이들은 신발을 한 켤레도 가질 수 없다. 더 이상 신문과 잡지와 책을 볼 수 없다.

『가난한 시대를 사는 부유한 그리스도인 *Rich Christians in an Age of Hunger*』의 저자 로날드 사이더는 이렇게 질문한다.

"지나치게 많이 먹고, 고급스러운 옷을 입고, 사치스럽게 집을 장식한 사람들이 가난을 이해할 수 있을까? 우리는 아버지가 교과서를 사줄 수 없기 때문에 마을의 학교에 가지 못하고 바깥에서 놀고 있는 아홉 살짜리 소년의 마음이 어떠한지 정말로 느낄 수 있는가? 우리는 가난에 찌든 부모가 자신의 어린 딸이 기본적인 의료 혜택조차 받을 수 없어서 아이들이 잘 걸리는 질병으로 죽어가는 것을 슬퍼하며 속수무책으로 지켜보는 심정을 이해할 수 있는가?"

로날드 사이더에 따르면, 부유한 5분의 1에 해당하는 사람들은 믿을 수 없을 만큼 부유하며, 가장 가난한 5분의 1은 절망적일 정도로 가난하다. 선진국에 사는 사람들은 세계 인구의 5분의 1밖에 되지 않는다. 하지만 그들은 지구 자원의 3분의 2를 소비한다.

성경은 두 가지 특별한 경우에 부유한 자들을 경고한다. 첫째는 가난한 자를 억압함으로써 부유하게 되는 경우고, 둘째는 그들이 가난한 자들과 나누지 않는 경우다. 성경은 신자들에게 가난하고 억눌린 자들에 대한 하나님의 특별한 관심을 본받으라고 명령한다.

AD 250년까지 로마에 있는 교회는 1500명의 궁핍한 사람들을 지원해주었다. 독일 학자 마르틴 헹겔에 따르면, 후기 로마제국에서 이 같은 종류의 경제적 나눔은 독특한 것이었다. 하나님은 모든 백성이 최소한의 생계를 유지하기 위한 생산 자원을 갖고, 공동체에서 존귀한 구성원이 되기 원하신다. 교회는 오늘날 가장 세계적인 단체다. 교회는 세계 역사의 중요한 순간에 나눔의 새로운 모델을 따라 살 수 있는 기회를 갖고 있다.

가난에 대한 단 하나의 원인은 없다. 개인적인 죄와 복잡한 사회구조가 가난을 유발한다. 기아의 일부는 부유한 나라들이 자신의 이익을 위해 만들어놓은 경제구조의 결과다. 우선 세계 인구의 4분의 1에 해당하는 사람들이 어떤 방식으로든 세계 시장경제에 참여할 만한 자본이 없다. 그들에게는 한 뼘의 땅도 없고, 돈도 없으며, 사실상 아무런 교육도 받지 못했다.

그러면 우리는 어떻게 살아야 하는가? 로날드 사이더는 다음과 같은 실제적인 제안을 한다. "월 예산을 세우고 그것을 지켜라. 자전거와 카풀 제도를 이용하고 짧은 거리는 걸어라. 에어컨 대신 선풍기를 사라. 재생산할 수 없는 천연 자원의 소비를 줄여라. 옷에 대한 유행을 따르지 마라. 한 달 동안 생활 보호 대상자들과 같은 수준의 예산을 갖고 살아라. 아이들에게는 더 많은 물질보다는 더 많은 사랑과 시간을 주어라."

30 철학은 기독교의 친구인가 적인가?

■ 교회사를 살펴보면 초대교회 때부터 기독교 신앙과 기독교 철학Christian Philosophy 사이에는 애증 관계가 있었다. 알렉산드리아 학파의 대표 격인 알렉산드리아의 클레멘스Titus Flavius Clemens나 오리게네스Origenes는 철학의 세례를 받고 기독교인이 된 지도자들이다. 클레멘스는 기독교 진리를 이방인에게 전하기 위해 그가 배운 철학적 교양과 지식을 사용했다. 예를 들면 '로고스logos'라는 개념을 접촉점으로 삼아 예수 그리스도를 이방인에게 설명하려고 시도했다. 사실 알렉산드리아는 그 당시 기독교의 중요한 거점이었고, 많은 유대인이 그곳에 살고 있었다. 그곳에서 구약성경은 이미 헬라어로 번역되어 널리 읽히고 있었다. 그것이 바로 『70인 경(셉투아진트)』이다.

알렉산드리아의 유대인 철학자 필로는 구약성서를 그리스 철학,

특히 플라톤의 사상을 원용하여 풍유적으로 해석했다. 또 그에 의해 구약성서의 신의 초월성은 주로 플라톤의 이데아론을 바탕으로 비로소 이론적으로 뒷받침되어 체계화했다. 또한 그는 저서에서 유대인의 종교상 절대적 정당성을 그리스 철학자의 주장을 많이 인용하면서 증명하려 하고 있으며, 그런 의미에서 그의 저서는 당시의 사상을 알기 위한 자료로서도 가치가 높다. 그의 사상은 신플라톤주의나 초대교회 교부(敎父)들의 사상에 부분적으로 영향을 끼쳤다.

한편 초대교회 라틴 신학의 대표자 중 한 사람인 터툴리아누스는 이방 철학에 거리를 두었고 때로는 강한 어조로 이를 공격하기도 했다. 그는 기독교의 진리를 이방 철학에 의해 입증할 수 없다고 생각했다. "나는 모순되는 고로 믿는다. 예루살렘과 아테네가 무슨 상관이 있느냐?"라고 그는 말했다. 예수 그리스도 이후에는 사변이 필요 없고, 복음 이후에는 탐구가 필요 없다고 주장한 것이다. 그러나 철학에 대해 비판적인 터툴리아누스도 스토아 철학을 받아들였다. 그도 그 시대의 아들이었기 때문이리라.

중세기에 토마스 아퀴나스는 "하나님의 은혜(초자연)는 자연을 파괴하는 것이 아니라 완성한다"라고 주장했다. 그는 이성을 기독교 신학을 위해 사용했다. 이성과 계시는 양자 모두 하나님께로부터 왔기 때문에 상호 충돌하는 것이 아니라고 보았다. 철학은 이성의 한계 안에 있는 진리를 다룰 수 있다고 보았다. 그는 신학과 철학이 서로 돕고 조화를 이룰 수 있는 것으로 생각했다. 물론 아퀴나스 뒤의 여러 학자가 그의 가르침을 비판했다. 지금도 가톨릭은 토마스 아퀴나스의 전통에 따라 이성을 가지고 하나님을 찾을 수 있다고 주장한다.

그러나 그 경우 이성을 가지고 찾은 다른 종교를 인정할 수밖에 없게 된다.

우리는 기독교 철학을 어떻게 보아야 할까? 현실적으로 우리는 많은 철학적 사조에 대한 기독교적인 변증이 필요한 시대에 살고 있다. 따라서 다른 세계관이나 철학사상에 관한 이해와 분별이 필요하다. 철학적 사유 훈련은 의미 있는 것이 될 수 있다. 물론 기독교인은 하나님의 말씀을 준거점으로 삼고 생각해야 한다. 이것을 가리켜 '계시 의존 사색'이라고 말한다.

교회사가 주는 교훈 중 하나는 언제나 철학이 신학에 영향을 끼쳤다는 점이다. 따라서 철학을 적대적으로 대해서도 안 되지만, 기독교 진리가 철학의 우산 밑으로 들어가서도 안 될 것이다. 기독교인의 이성은 거듭난 이성이라고 말할 수 있다. 그 이성은 신앙 성숙에 필요하다. 따라서 철학 자체가 거부될 필요는 없다. 문제는 어떤 관점에서 접근하느냐다.

교부 다메섹의 요한 John of Damascus이 남긴 말은 우리에게 하나의 빛을 던져준다. "철학은 지혜를 사랑하는 것이다. 하나님은 사랑이다. 고로 진정한 철학은 하나님이시다."

31

포스트모더니즘은
기독교의 아군인가, 적군인가?

■   바나 리서치^{Barna Research}의 발표 내용에 따르면, 미국의 한 아이는 23세가 될 때까지 TV, 영화, 비디오 게임으로 3만 회 이상의 폭력물을 접하고, 분노와 증오, 권위에 대한 저항과 이기심을 배양하는 음악을 수백 시간 청취한다. 미국의 전형적인 10대는 매주 거의 60시간 미디어를 접한다. 포스트모더니즘의 영향을 받아 미국 청소년의 2퍼센트만이 성경적 세계관을 가지고 있다고 한다. 젊은이들은 생명 존중, 준법, 노동의 가치, 자기희생, 공동선에의 헌신을 중요하게 여기지 않는다.

　　포스트모더니즘^{post-modernism}이란 무엇인가? 그 용어는 여러 가지 새로운 사고방식들을 포함하고 있으므로 간단하게 정의하기 어렵다. 건축에서 처음 사용된 것으로 보이는 이 용어는 1980년대 이후 예술과 문학, 문화와 종교에 이르기까지 그 영역이 확장되어 쓰인다.

포스트모더니즘을 이해하려면 모더니즘을 먼저 이해해야 한다. 서구에서 근대^{modern}라고 하면 18세기 계몽주의로부터 시작된 이성 중심주의 시대를 일컫는다. 인간의 이성에 대한 믿음을 강조했던 계몽사상은 합리적 사고를 중시했으나 지나친 객관성의 주장으로 20세기에 들어서면서 도전을 받았다. 이러한 배경에서 포스트모더니즘이 서서히 등장한 것이다.

그러면 포스트모더니즘의 특징은 무엇인가?

첫째, 포스트모더니즘은 진리에 대해 확실성이 없다. 누구나 받아들이는 객관적 진리가 불가능하다. 사실 포스트모더니즘에서는 진리가 주관적인 인식에 따라 개인적으로 결정되는 것이다.

둘째, 포스트모더니즘은 이성주의, 계몽주의 그리고 합리주의를 거부한다. 그뿐만 아니라 과학 기술과 지식에 부여된 절대적 힘을 거부한다. 종교, 휴머니즘, 마르크스주의 등 모든 체계적인 지식을 비판한다. 따라서 포스트모더니즘에는 어떤 주장, 사상, 지식도 고정된 것이 없다.

셋째, 인간을 합리적이고 자율적인 주체로 보기보다는 특정한 주체로 만들어지는 존재라고 본다.

넷째, 일상적인 문화 경험과 현실을 이미지로 변형시킴으로써 시간을 영원한 현재로 분해한다. 포스트모던한 일상 문화는 다양하고 이질적인 스타일로 이루어지지만, 그 문화에서는 이미지가 지나쳐 현실 감각이 상실되기도 한다.

다소 차이가 있지만 학자들이 포스트모더니즘의 특징에 대해 말하는 것들은 다음과 같은 것들도 있다. "제도화된 예술의 목적과 기반을 부정한다", "다양성과 차이 그리고 해체를 중시한다", "문화 귀족주의를 비판하며 대중주의를 강조하기도 한다", "전통적 전제나 장르 또는 정형화된 틀을 부정한다", "억압받는 사람들이나 소수자, 주변인에게 관심을 두고 그들 존재의 중요성과 가치를 부각시키기도 한다" 등이다.

포스트모더니즘에 관한 글을 읽어보면 현학적이라는 느낌을 받게 된다. 그만큼 설명하기도 쉽지 않고 이해하기도 만만치 않다. 하지만 분명한 것은 포스트모더니즘이 절대적 가치를 인정하지 않고 모든 사물을 상대적으로 바라본다는 점이다. 이러한 사조思潮가 기독교에 미치는 득실을 따지는 이도 있으나 그 답 또한 쉽지 않다.

포스트모더니즘이 이성의 한계를 인정하고 계몽주의와 합리주의를 공격하는 것을 보면 마치 우리의 아군이라는 착각을 일으킨다. 하지만 더 깊이 들어가 보면 그 실체가 모습을 드러낸다. 그것은 결코 만만치 않은 사상적 실체다.

32
그리스도인에게 문화란 무엇인가?

■ "만일 여자가 머리를 가리지 않거든 깎을 것이요 만일 깎거나 미는 것이 여자에게 부끄러움이 되거든 가릴지니라"(고전 11:6).

바울 당시에 고린도 지역의 아프로디테 신전 창기들은 머리에 아무것도 쓰지 않았다. 노예들은 머리를 밀었고, 유죄 판결을 받은 간음한 여자들도 삭발을 했다. 헬라 여성들이 일상적으로 입는 보통 옷에는 '칼룸마kalumma, 머리를 덮거나 머리에 쓰는 것'가 필수적이었다. 당시에 예배에 참석하는 여자들은 일상생활에서와 마찬가지로 '칼룸마'를 써서 머리를 가리고 왔다. 바울이 머리에 수건을 쓰라고 한 것은 외부인에게 오해의 빌미를 사전에 차단하는 의미였다.

성경을 바르게 이해하려면 그 본문의 시대 배경을 알아야 한다. 그

배경 가운데 하나가 문화적 요소다. 문화文化, culture라는 용어는 '경작'을 의미하는 라틴어 cultura에서 유래했다. 오늘날 문화는 다양한 의미로 사용되고 있다.

문화는 인간의 창조적 노력을 통해 자연계에 첨가되는 '이차적인 환경'이라고 정의할 수도 있다. 『문화의 성장 과정』의 저자 프랜시스 니글 리Francis Nigel Lee에 따르면, 문화란 인간이 자기 안과 밖의 세계를 이용하고 발전시키는 인간 노력의 산물이다. 그에 의하면 인간의 전 생활의 문화적 산물들은 하나님께 봉사하든지 우상에게 봉사한다. 종교와 문화는 밀접하게 관련되어 있다. 위대한 문화로 표현되지 않은 위대한 종교는 없었다. 또한 종교에 깊이 뿌리박지 않은 위대한 문화도 없다.

역사가 크리스토퍼 도슨Christopher Dawson도 인간의 생활과 종교를 분리시킬 수 없는 것과 마찬가지로 문화와 종교도 서로 분리할 수 없다고 말했다. 살아 있는 신앙이 신자의 생활을 변화시켜야 하는 것같이 살아 있는 종교는 사회적 생활 방식, 즉 문화에 영향을 주고 또 문화를 변형시키기 때문이다.

인류 타락 후에도 문화는 계속되었다. 그러나 죄의 영향 아래 있는 문화는 줄기에서 끊어진 꽃나무 가지와 같다. 죄로 병든 이 세상이지만 문화의 진보는 이루어졌다. 그리고 문화에 있어서 모든 불완전함은 모두 인간 죄악의 결과다.

초대교회사를 보면 당시에 이미 기독교와 문화 사이에 서로 다른 접근 방식이 있었다. 헬라 철학의 어떤 요소를 참된 것으로 인정하고 그것을 사용하는 접근 방식이 있었고, 헬라 철학과 이교 문화 전체를 정죄하는 접근 방식이 있었다. 중세기의 토마스 아퀴나스는 기독교와 비기독교 세계 간에 문화적 접촉을 위한 공통 기반을 발견하려고 시도했다.

프랜시스 니글 리에 의하면, 문화에 있어서 선하고 참되고 유쾌한 모든 것은 오직 하나님의 은혜의 결과다. 따라서 그는 모든 참된 문화의 뿌리가 하나님이라고 주장하면서 이렇게 말한다. "모든 참된 문화는 구원받을 것이며 최후 심판 이후에도 영원히 지속될 것이다. 진정한 모든 문화는 파괴될 수 없음은 물론이며, 영원토록 언약을 준수하는 신자들에 의해 향유될 것이다. 모든 진정한 문화의 결과들은 영생하는 가치를 갖는 것이다."

그러면 우리는 불신 문화에 대해 어떤 태도를 가져야 하는가? 기독교 윤리학의 이보민 교수는 '취사선택'하는 태도를 제안한다. 즉 기독교 신앙에 있어서 문제가 되지 않는 것은 그대로 받아들이고(예를 들면 세배), 잘못된 것은 버리며(제사 행위), 어떤 문화는 취사선택하고 변형시켜서 받아들인다는 것이다.

크리스토퍼 도슨에 의하면, 한 공동체의 구성원들이 참된 기독교 신앙을 가지고 있다면 그들은 기독교 문화를 가지고 있는 것이다. 어떤 의미에서 문화를 결정짓는 것은 창조적인 힘인 각 개인의 마음 또는 정신이다. 그러므로 기독교인의 가치관과 세계관에 변화가 있어야 기독교 문화의 창달도 가능하다.

33 당신은 오늘 무엇을 먹었는가?

■ '음식' 하면 한국인의 머리에 무엇부터 떠오를까? 아마 밥일 것이다. 하지만 패스트푸드fast food를 떠올리는 청소년도 있을 것이다. 조선 시대 선교사들의 기록을 보면 그 당시 우리 조상들은 이웃 나라 중국인과 일본인들에 비해 세 배 정도의 밥을 먹었다. 다른 국내 기록들도 당시 성인 남성의 1일 식사량은 5홉이나 되는 것으로 되어 있다. 현재와 비교해서 약 5배의 식사량이다. 한국인은 왜 이렇게 밥을 많이 먹어야 했던 것일까?

1960년대에 만들어진 흑백 영화들을 보면 당시 사람들이 얼마나 밥을 많이 먹었는가를 알 수 있다. 밭에서 일하다가 들어와서, 혹은 논에서 일하다가 새참으로 먹던 밥을 보면 하얀 사기로 된 밥사발에 보리밥을 하나 가득 퍼올려 마치 탑을 쌓은 듯 밥을 담은 광경을 볼 수 있다. 사람들은 이걸 남기지도 않고 다 먹는다. 아이들 밥사발도 이에 결코 뒤지지 않았다. 왜 이렇게 그때 사람들은 밥을 많이 먹었을까? 이유는 간단하다. 활동하는 데 필요한 모든 에너지를 오직 밥에서만 얻어야 했으니 한 번 먹을 때 배가 터지게 먹었던 것이다. 그래서 당시 사람들은 성인 남자를 기준으로 한 끼에 5홉의 쌀 분량을 먹었다고 한다.

서양 사람과 한국 사람의 엑스레이 사진 두 장을 놓고 장 길이를 비교하면, 육식을 주로 하는 서양 사람의 장보다 채식을 하는 한국 사람의 장이 30퍼센트 가량이나 더 길다고 한다. 초식동물의 위가 여러 개이며 장이 구불구불하니 긴 것과 같은 이치다. 식물성 음식에서 충분한 열량과 영양분을 흡수하기 위해서는 소장이 길 수밖에 없다고 한다. 소장이 긴 한국인들은 각종 나물이나 김치 반찬과 함께 밥을 많이 먹었다.

음식 문화는 그 사람들이 살고 있는 지역의 자연적인 환경, 즉 지형이나 기후, 토양, 수질과 사회적 환경인 종교, 관습, 생활과 규범, 가치관 등에 영향을 받아 형성한다. 한민족 특유의 음식 문화는 민족의 풍속이나 습관이 음식 습관의 형태로 전통을 이어가면서 전승되어지는 것이며, 또한 전통적인 것과 새로운 것이 혼합되어 또 다른 형태의 식문화를 형성하기도 한다. 한마디로 인류의 위대한 창조품의 하나인 음식은 단순히 먹을거리만이 아니라 인간생활의 문화 현상까지도 내포하고 있다.

모든 사회에서 여자들은 항상 음식 준비와 음식을 다른 사람들에게 나누어주는 데 중요한 책임이 있었다. 특히 산업화 이전의 사회에서 여자들은 음식을 생산하고, 가공하고, 분배하는 데 깊이 공헌했다. "여성의 파워는 대개 음식의 파워에서 나온다"는 말은 충분히 설득력이 있다.

어원적으로 살펴보면, 동료companion란 빵(라틴어로 panis)을 함께 나누어 먹는 사람이다. 음식을 함께 먹는 것은 친척관계, 신의信義, 우정의 표시다. 구舊 영어에서 '양육foster'은 '음식food'을 의미한다. 아기가 어렸을 때 경험한 먹거리 경험은 발달 과정과 평생 지니게 될 인격 형성에 중요한 역할을 한다고 아동학자들은 말한다.

현재 먹을거리는 다양해졌다. 이제 우리 사회에서 무엇을 먹고 안 먹고 하는 것은 전적으로 개인의 기호에 따른 자유다. 이를테면 외국인들이 종종 한국인과 한국 사회에 던지는 음식과 관련된 비판 중 하나는 보신탕 문제인데, 이 점에 대해서 한국인들, 특히 한국의 그리스도인들 사이에서도 견해는 일치하지 않는다. 즉 이런 문제는 음식의 섭취 여부에 대한 옳고 그름을 떠나 전적으로 개인의 기호 차이에 따른 문제인 것이다.

물론 법으로 금지된 것이라면 당연히 먹어서는 안 되겠지만, 법으로 금지되지는 않았다 할지라도 교회 밖 사람들이 부정적으로 생각하는 식물食物의 복용은 그리스도인으로서의 건덕健德을 위해 삼가는 것이 좋다. 사도 바울의 지적대로 "내 자유가 남의 양심으로 말미암아 판단을 받는 것"(고전 10:29)이 결코 옳지 않기 때문이다.

신약성경에 따른 기독교의 음식 문화란 무엇을 먹든지 마시든지 다른 사람들에 대한 관심과 배려, 즉 이웃 사랑의 연장선상에서 이해되고 시행되어야 하는 것이다.

"고기도 먹지 아니하고 포도주도 마시지 아니하고 무엇이든지 네 형제로 거리끼게 하는 일을 아니함이 아름다우니라"(롬 14:21).

34
대중음악, 어떻게 보아야 하는가?

■ 대중가요의 가사 한 구절이 가슴에 와 닿아 눈물을 흘린 경험이 있는가? 대중가요는 매스컴의 발달과 더불어 우리 생활에 많은 영향을 미치고 있다. 대중문화의 큰 흐름 가운데 대중음악은 생활음악으로서 중요한 위치를 차지하고 있다. 이런 대중음악은 대중의식을 반영한다는 의미에서 유행가라고도 불린다.

대중음악이란 말은 다양하게 사용된다. 첫째, 대중음악$^{Popular\ Music}$은 음악 수용 대상의 범위와 음악적 훈련의 높고 낮음에 따른 용어다. 둘째, 경음악$^{Light\ Music}$은 음악 양식의 단순함과 작곡 의도에 근거한 용어다. 셋째, 오락음악$^{Entertainment\ Music}$은 음악의 용도와 목적에 의하여 만들어진 용어라 하겠다. 여기에 대응하는 어휘로 진지한 음악$^{Serious\ Music}$, 예술음악$^{Art\ Music}$ 또는 고급음악$^{Higher\ Music}$ 등이 있다. 편의

| 예수께 인문을 묻다 |

상 고전음악은 클래식 음악, 순수음악 또는 예술음악이라고 한다. 대중음악을 팝 뮤직, 유행 음악, 히트송으로 부르기도 한다.

대중가요는 감각적인 것이 특성이며 상업성이 다분하고 오락성이 높다. 또한 가사의 내용이 직감적이며 배우기가 용이하다. 대부분의 가사는 동시대의 문화와 사회상을 반영하고 있다. 그러므로 오늘날 대중음악은 서민의 생활 감정을 표현하는 단순한 수단에 그치지 않고 한 사회, 한 국가의 문화적 특성 그리고 사회 구성원의 가치관을 반영한다.

이제 대중음악은 청소년들에게 생활의 일부다. 이미 초등학생들에게서는 동요가 사라졌다. 미취학 아동이 사랑의 아픔을 노래하는 대중가요를 흥얼거리기도 한다. 동요대회를 열지만 이와 같은 분위기를 바꾸기에는 역부족이다. 왜냐하면 대중가요를 만드는 사람들이 처음부터 10대를 염두에 두고 있기 때문이다. 초등학교 5학년에게 어려운 대중가요는 거의 만들지 않는다는 말도 있다.

우리나라의 대중음악은 1960년대에 비로소 본격화되기 시작했다고 볼 수 있다. 물론 그 이전에 신파극이나 악극 등의 대중극 속에 혹은 레코드 음악을 통해 존재했지만 1960년대 경제개발 정책과 텔레비전 방송국 설립 등 대중문화 정책에 의해 비로소 방송, 영화, 대중가요와 같은 대중문화의 개화를 맞게 되었다고 볼 수 있다.

1970년대는 트로트와 포크의 양극화 시기였다. 1980년대 초중반은 슈퍼스타 조용필의 일인천하 시대였다. 1980년대 후반은 한국 대중음악의 황금기라고 말할 수 있다. 1990년대는 서태지의 등장으로 신세대 문화의 대두와 함께 '서태지 사태(?)'가 있었다. 10대 위주의 음반시장이 형성된 것도 이 무렵이다. 지금은 어떤 의미에서 포스트^{post} 서태지 시대다.

미국의 경우 대중음악의 발달과 더불어 매우 다양한 용어가 생겨났다. 예를 들면 뉴에이지, 디스코, 레게, 로큰롤, 리듬앤드블루스(R&B), 블루스, 솔^{soul}, 재즈, 펑크, 그리고 힙합 등이다.

대중음악을 연구하는 사람들은 대개 대중음악에 대한 편견을 교정하자는 말을 한다. 동시에 다양한 음악적 정보를 접하고 음악 경험의 장을 넓힐 것을 권한다.

대중음악은 우리 옆에 실재하는 하나의 문화다. 기독교의 관점에서 대중문화를 다루는 평론가가 있듯이, 대중음악 전반에 대해서도 이러한 작업을 감당하는 전문가가 필요하다. 이런 전문가의 역할은 감시의 기능을 포함하는 비평 작업이 될 것이다.

35 미술은 어떤 세계관을 보여주는가?

■　누군가 이렇게 말했다. "태초에 그림이 있었다." 미술은 역사의 자서전이라는 말이 있다. 미술은 시간 속에서 형성되므로 거기에는 역사가 묻어 있을 수밖에 없다. 문학작품이 그 시대의 산물이듯이 미술 작품도 그러하다. 한 사람이 그 시대의 아들이듯이 미술가의 작품은 그의 세계관과 시대정신을 반영한다. 따라서 미술 작품을 세계관의 관점에서 보는 것은 가능할 뿐 아니라 의미 있는 일이다.

　미술은 인류가 시작되면서부터 존재해왔다고 해도 과언이 아니다. 원시시대의 고대미술에서부터 현대미술에 이르기까지 미술은 시대를 반영했고 지금도 끊임없이 새로운 사조들이 등장하고 있다. 특히 서양미술사의 대종大宗은 기독교 미술과 함께 형성되어왔다고 말해도 지나치지 않다. 또한 기독교 미술의 역사는 바로 기독교의 역사라고 말할 수 있다. 4세기 이후로 서구 문명의 형태는 기독교에 의해 큰 영향을 받게 되었다. 예술도 예외는 아니었다. 소위 포스트모던 예술조차도 기독교에 그 근원을 두고 있다.

물론 모든 크리스천들이 예술에 대해 같은 생각을 가지고 있지는 않다. 크리스천들은 어떤 종류의 상(像)이 적절한지에 대해 매우 다양한 견해를 가지고 있다. 크리스천 예술가들은 그들이 종교적 주제(그리스도의 탄생과 죽음과 부활 등)를 그릴 것인지, 아니면 평범한 인간의 삶을 그릴 것인지를 결정해야 했다. 초기부터 르네상스까지 기독교 예술은 전자의 경향을 띠었다. 그러나 일상의 삶을 무시하지 않았던 중세의 예술가들은 매일의 삶 전체를 예배 가운데로 끌어들였다. 우리는 경건 서적 표지 한구석에 그려진 농사짓는 풍경 그림이나 일하고 있는 기술자를 새긴 목제 조각물을 교회당에서 볼 수 있다. 반면에 15, 16세기의 예술가들은 평범한 가정생활이나 직업생활 등을 묘사하기 시작했다. 렘브란트Rembrandt 같은 북부 지역 미술가들이 주로 이런 부류에 속한다.

오늘날 현대미술을 접하는 사람은 때때로 당혹감을 느낄지 모른다. 그가 기대했던 아름다움을 발견하기 어려울 때가 있기 때문이다. 미술에서 미(美)를 보려고 하지만 실망할 수도 있다. 서성록 교수는 『미술관에서 만난 하나님』에서 "현대 미술가의 불행은 기준이 없다는 데 있다"라고 지적했다. 그에 따르면 성경은 하나님을 '우주의 창조자'요, '창조적 예술가'로 소개한다. 그뿐만 아니라 하나님 자신이 미의 기준이시고 그 기준을 보여주셨다.

거룩한 최초의 예술가인 그분은 아무것도 없는 곳에서 있는 것을 만드셨다. 그리고 "보시기에 좋았더라"고 말씀하셨다. 이 말은 선하고 아름다운 상태를 가리킨다. 피조물을 아름답게 보시는 것이 하나님의 시선이다. 아우구스티누스의 말과 같이 선하신 하나님은 선한 피조물을 만드셨다. 그리고 그 만물을 보시며 흡족해하셨다. 모든 것이 선하게 창조되어 거룩한 아름다움의 옷을 입었다. 하나님은 이를 통해 중요한 기준을 제시하셨다. 즉, '아름다움'이야말로 예술품을 감상할 때의 참된 판단 기준이 되는 것이다.

우리는 크리스천 예술가들의 작품을 기독교 세계관의 관점에서 감상할 수도 있다. 오의석 교수는 『예수 안에서 본 미술』에서 본인의 작품(조각)을 포함한 많은 믿음의 작품들을 기독교 세계관으로 조명하는 일을 시도했다. 그는 창조, 타락, 구속과 회복이라는 큰 구조 안에서 작품을 보고 해설했다. 그는 기독교 세계관이 작품 이해와 감상에 큰 도움이 되었다고 말한다. 이로 보건대 크리스천은 미술에 관한 올바른 기준과 관점을 가질 필요가 있다.

조나단 에드워즈는 "하나님은 모든 존재와 모든 아름다움의 터전이며 원천이시다"라고 했다. 예술은 하나님으로부터 출발해야 한다. 즉 예술의 첫걸음은 하나님을 사랑하고 이웃을 사랑하는 데서 시작해야 한다.

36

밸런타인데이는
기독교와 관련이 있는가?

■ 대부분의 나라에서 매년 2월 14일을 밸런타인데이Valentine's Day로 기념한다. 이날 가까운 사이의 남녀들은 둘만의 사랑이나 호감을 표현하고 축하한다. 이날은 성 밸런타인Saint Valentine의 이름을 따라 명명되었고, AD 496년 교황 겔라시우스Gelasius 1세에 의해 제정되었다.

전통적으로 연인들은 꽃이나 과자류를 선물하고 '밸런타인'이라고 부르는 카드를 보냈다. 그 후 이 전통은 중세기 궁정의 사랑이 꽃피던 시절에 『캔터베리 이야기』의 저자 제프리 초서의 집단 가운데서 낭만적 사랑과 결합되었다.

오늘날의 밸런타인데이 상징은 하트 모양과 비둘기 그리고 날개가 있는 큐피드Cupid를 포함하고 있다. 19세기 이후 젊은이들은 손으로 직접 쓴 카드 대신 대량 생산되는 카드를 사용했다.

밸런타인이라는 이름을 가진 많은 순교자가 초대교회 시기에 있었다. 2월 14일에 기념하는 성 밸런타인은 로마의 밸런타인과 테르니Terni의 밸런타인이다.

로마의 밸런타인은 AD 269년 순교한 로마의 사제였다. 그는 플라미니아 거리Via Flaminia에 묻혔다. 테르니Terni의 밸런타인은 AD 197년 경 인테람나Interamna, 오늘날의 테르니에서 주교가 되었고 아우렐리우스 황제 치하에서 순교했다고 전해진다. 그도 플라미니아 거리의 다른 위치에 묻혔다. 가톨릭 백과사전에 따르면 2월 14일에 순교한 세 번째 밸런타인이 있다. 그러나 그는 많은 동료들과 함께 순교했다는 것 외에 알려진 내용은 없다.

이 순교자들에 관한 중세 초기의 기록들에는 그 어떤 로맨틱한 요소도 없다. 14세기에 성 밸런타인이 로맨스romance와 관련을 맺으면서 로마의 밸런타인과 테르니의 밸런타인 사이의 구별이 완전히 사라졌다.

1797년 영국의 한 출판사는 젊은 연인을 위해 멋진 시를 지을 수 있도록 수많은 감상적 구절을 편집한 책(『The Young Man's Valentine Writer』)을 출판했다. 당시에 이미 시구나 스케치가 들어 있는 카드가 발행되고 있었고, 19세기가 되어서는 밸런타인 편지를 개인적으로 전하기보다는 우편으로 보내는 일이 보편화되었다. 따라서 익명으로 편지를 보내는 일이 가능해졌고, '얌전빼는' 빅토리아 시대에는 선정적인 시구가 갑자기 나타나기도 했다. 대량으로 나온 밸런타인 카드는 이후 나타나는 미국의 상업적 경축일들의 선구자가 되었다.

20세기 후반에는 하트 모양의 상자에 장미와 초콜릿을 넣어 선물하는 것이 널리 유행했다. 1980년대에는 다이아몬드 기업이 밸런타인데이를 보석을 선물하는 날로 만들어 판매를 촉진시켰다.

미국 축하카드협회의 통계에 따르면 미국에서는 매년 약 1억 9000만 장의 밸런타인 카드를 보낸다. 그 카드 가운데 절반 정도는 남편이나 아이가 아닌 가족에게 전달되는데, 보통 자녀들에게 전해진다. 학교 활동에서 교환하는 밸런타인 카드는 10억 장이 될 정도에 이르는데, 대부분의 카드는 선생님에게 전달된다. 북미의 초등학교에서는 교실을 하트 모양과 레이스로 꾸미고 카드를 교환하고 캔디 등을 주고받는다. 그 카드의 내용은 때때로 상대방에 대한 고마움을 표하는 것이다.

우리나라는 밸런타인데이에 여자가 남자에게 초콜릿을 준다. 나중에 화이트데이White Day에는 남자가 여자에게 사탕을 준다. 그러나 타이완에서는 반대로 한다. 밸런타인데이에 남자가 여자에게 선물을 주고, 화이트데이에 여자가 남자에게 답례한다.

오늘날 밸런타인데이는 상술로 이용되는 날이다. 그 어디에서도 '기독교 순교자' 밸런타인의 흔적은 나타나지 않는다. 그래도 젊은 이들은 상관하지 않는다. 유쾌하고 즐겁게 이 날을 준비하고 즐길 뿐이다.

37
신화는 어떤 의미를 가지고 있는가?

■　　신화는 그 특성상 집단적이고 공동체적이다. 각각의 민족이나 부족이 그 자신의 고유한 신화 체계를 갖는다 해도 신화는 보편적인 것이다. 그들 자신만의 문화적 환경으로 특별한 모습을 지니고 있어도 비슷한 모티브가 수많은 다른 신화에서 발견된다.

시간이나 공간을 떠나 멀리 떨어진 신화에서 발견되는 어떤 이미지는 똑같은 공통의 의미나 공통의 기능을 가지고 있는데 이런 모티브나 이미지를 우리들은 보편적 상징이라고 부른다.

과거 서구의 문학과 예술은 그리스 로마 신화에서 수많은 예증과 상징, 영감을 빌려왔다. 정신분석학의 창시자인 지그문트 프로이트 Sigmund Freud가 자신의 아버지를 죽이는 '오이디푸스 Oedipus, 그리스 신화에 나오는 인물. 테베의 왕으로, 자신의 부모인 줄 모르고 아버지를 살해한 뒤 어머니와 결혼했다'를 자신의 이론에 원용한 것을 비롯하여 생물학자인 제임스 러브록$^{\text{James Lovelock}}$의 '가이아' 가설, 교육학자인 로젠탈과 제이콥슨의 피그말리온^{Pygmalion} 효과 등 학자들은 자신의 학문적 성과들을 설명하기 위해 수많은 신화의 인물들을 동원했다.

또한 서양 역사를 고스란히 담아내고 있는 미술 작품에서도 그리스 로마 신화는 중요한 소재가 되었다. 철학자들 역시 자신들의 추론이 막다른 골목에 부딪혔을 때 신화에 의존해 해결책을 찾았는데, 플라톤이 『향연』과 『국가』에서 신화를 스스로 만들어가면서까지 자신의 주장과 논리를 전개한 것은 유명한 사실이다.

신화는 셀 수 없이 많은 이야기를 품고 있고 그 종류도 다양하다. 구조와 성격도 복잡하여 정의를 내리는 일도 쉽지 않다. 누군가 "신화가 어떤 의미를 가지고 있는가?"라고 질문한다면, 그것이 "모든 존재하는 것들의 기원에 관한 이야기를 하고 있기 때문"이라고 대답하는 것이 가장 적절할 것 같다.

많은 신화들 가운데서도 그리스 로마 신화는 그 이야기가 가장 방대하고 내포한 의미도 풍부하다. 또한 해석의 여지가 많아 역사적으로도 지대한 관심의 대상이 되어왔다. 그 결과 신화의 발생지인 유럽을 넘어 전 세계에 많은 영향을 끼쳤다.

그리스 로마 신화는 미술·문학·음악 등 예술의 대상이 되기도 했다. 오늘날 신화는 광고 및 마케팅의 도구로도 이용된다. 때로는 그리스 로마 신화의 인물이 고유명사화되어 사회적 또는 인간 내면의 심리 현상을 직접적으로 묘사하기도 한다.

한편 신약성서에는 '신화^{myth}'에 관한 언급이 두 번 나온다. 두 본문(딤전 1:4 ; 4:7)에서 언급하는 '신화'는 무엇을 뜻하는가? 디모데전서 1장 4절에서 바울은 '신화와 끝없는 족보'에 관하여 경계한다. 1세기 당시의 신화는 옛날이야기 그 이상이었다. 그것은 부도덕을 조장하기 위해 사용된 전설들이었다. 영국의 신약성서학자 도널드 거스리Dornald Guthrie에 따르면, 바울은 유대인의 『희년서Book of Jubilees』와 같은 신화적인 역사를 염두에 두었을 가능성이 있다. 참 믿음의 반대인 거짓 가르침에는 비생산적인 성격이 있다. '신화'의 의미가 무엇이든지 간에 바울은 그러한 것은 복음의 내용에 정반대되는 것으로 간주했다. 따라서 바울은 디모데전서 4장 7절에서 '망령되고 허탄한 신화'를 버리라고 다시 말한다. 그는 전혀 진리에 근거하지 않는 신화와 이야기로 시간을 낭비하지 않도록 디모데에게 훈계하는 것이 필요하다고 생각했다. 그는 그런 것들을 단호하게 거부해야 한다고 선언했다.

우리 시대에는 그것들이 새로운 신학 사조와 인기몰이를 하는 영적 운동의 모습으로 나타나기도 한다. 우리는 영적인 것으로 가장하고 나타나는 모든 속이고 미혹하는 '지식'을 경계하고 멀리해야 한다. 또한 다른 사람들에게 잘못된 지식의 결과를 경고해주어야 한다. 그러므로 우리는 참과 거짓을 분별하기 위해 하나님의 진리에 깊이 뿌리를 내리고 있어야 한다.

38

영화를 보고 묵상할 수 있는가?

■   어린 시절 많은 영화를 보지는 못했지만 필자는 아직도 마음에 그 흔적을 남기고 있는 영화를 떠올릴 수 있다. 생각해보면 청소년기에 본 영화는 알게 모르게 나의 생각과 삶에 어떤 형태로든 자취를 남겼을 것이다.

서울대 영어영문학과 김성곤 교수는 그의 저서 『영화 속의 문화』에서, 영화가 문학작품과 더불어 문화 이해를 위한 가장 효과적인 텍스트라고 말한다. 영화는 그 영화를 산출한 나라의 문화를 종합적으로 잘 드러내주는 매체다. 그는 영화가 단순한 엔터테인먼트가 아니라 하나의 훌륭한 사회 문서이자 문화 텍스트라고 말한다. 따라서 영화 속에 숨어 있는 심층심리적 기호나 사회문화적 메시지를 읽어내는 작업은 중요하고도 의미 있는 일이다.

예를 들면 켄 키지의 원작소설을 밀로스 퍼몬 감독이 영화화한 〈뻐꾸기 둥지 위로 날아간 새〉는 정신병원을 이 세상의 축소판으로 본다. '뻐꾸기'는 은어로 정신병자를, 그리고 '뻐꾸기 둥지'는 '정신병원'을 상징한다. 저자에 따르면 이 영화는 궁극적으로 우리가 몸담고 있는 모든 조직과 제도에 대한 신랄한 비판으로도 읽을 수 있다. 다른 관점에서 보면 이 영화는 대자연의 원초적인 힘을 상실한 현대 사회에 대한 예리한 문명 비판이라고 볼 수 있을 것이다.

영화는 사회에 대해 그 어느 예술 매체보다도 강력한 영향력을 가지고 있다. 그것은 영화가 시각적이면서 청각적인 매체일 뿐 아니라 한 장소에서 많은 사람을 집단적으로 감동시킬 수 있는 막강한 전달력을 지니고 있기 때문이다. 영화는 개인의 습관을 바꿀 뿐만 아니라 사회의 흐름을 주도하기도 한다.

영화 〈아기 사슴 밤비〉는 사슴 관련 소비를 반 이상 줄어들게 만들었다. 〈이유 없는 반항〉이 상연된 후 사고가 없던 조용한 마을에서도 타이어가 수백 개씩 절단 났다고 한다. 1984년 〈아마데우스〉의 개봉은 모차르트 음반에 엄청난 수요를 몰고 왔다.

『영화, 그 의미에 길을 묻다』에서 문화비평가 추태화 교수는 말하기를 "영화는 인간이 이뤄놓은 위대한 창조물이며, 인간이 스스로를 들여다볼 수 있는 실존의 거울"이라고 했다. 그에 따르면 영화 장르의 온갖 분야들은 인간의 내적 세계를 그대로 표상하고 있다. 영화는 인간 내면에 감추어진 감정의 응어리들을 건드리고, 그 감정 속에 난미로에서 자신을 만나게 해주는 마법사라고 말한다.

추태화 교수에 의하면, 이정향 감독의 작품 〈집으로〉는 고향에 대해 묻는 영화이며, 더 나아가 문명의 화해를 이야기하고, 인류를 향해 손을 뻗고 있는 하나님의 불타는 심장을 이야기하고 있다고 말한다. 저자에게 이 영화는 아름답고도 신비한 알레고리다.

모든 예술의 뿌리는 이야기다. 영화의 근원적 뿌리도 이야기다. 이야기에 빠져 다른 세계로 휩쓸려가고 싶은 욕망은 인류의 유전자에 새겨져 있다고 할 만큼 보편적인 것이다. 영화라는 하나의 '이야기'를 통해 어두운 극장 안에서도 하나님은 우리를 찾으시고 만지시며 우리에게 말씀하실 수 있다.

기독교적 관점에서 영화를 비평하는 일은 쉽지 않다. "신앙이 문화에 도움이 될 뿐만 아니라 문화도 신앙에 도움이 될 수 있는가?" 이것은 할리우드와 교회의 상호관계에 대한 진지한 성찰을 요구하는 물음이다. 우리는 영화의 힘을 무시할 수 없는 시대에 살고 있다. 기독교적 세계관으로 영화를 보고 영화를 통해 하나님의 메시지를 발견하는 지혜가 필요한 때다.

39
크리스마스 캐럴은
어떤 의미를 가지고 있는가?

■   크리스마스 전통과 관습 중에서 빼놓을 수 없는 것이 캐럴carol이다. 캐럴은 프랑스어 carole에서 온 말로 주로 중세 프랑스에서 둥근 원을 만들어 춤을 추었던 원무圓舞를 일컫던 말이었다. 이 원무는 동지 때 가졌던 축제에서 사용한 이교도들의 무곡이었다고도 한다.

그러므로 캐럴은 춤출 때 부르는 노래를 일컫는 말이어서 캐럴이 모두 크리스마스와 반드시 관계를 갖는 것이라고 볼 수는 없다. 또한 그 음악이 캐럴인지 아닌지는 곡의 가사로 판단하는 것이 아니고 음악적 형식으로 판단했다. 그러나 대부분의 캐럴이 동정녀 마리아, 아기 예수 등을 주제로 만들어져서 크리스마스 노래로 생각하나 사실은 부활절 캐럴도 있고 고난절, 승천일, 성령강림 주일 등 교회력의 모든 절기에 맞는 캐럴이 있다.

옥스퍼드 대학에서 출판한 자료(『The Oxford Book of Carols』)에 보면 모든 절기에 맞는 캐럴 200여 곡이 실려 있다. 대부분의 캐럴이 라틴어와 영어 두 언어를 섞어 쓰고 있는 것이 캐럴의 또 다른 특색이다. 15세기 영국에 있어서 캐럴은 대중적인 종교 가곡이었고, 가장 중요한 고정된 음악 형식이었다.

캐럴 음악의 중요성은 그 음악의 화성에 있지 않고 선율과 리듬에 있다. 일반적으로 캐럴은 즐거운 노래로 된 것이 특징이고 대중에게 많이 불리도록 되어 있다. 캐럴은 본래 교회의 절기 때마다 부르는 모든 노래를 일컬었지만, 특별히 크리스마스 노래를 지칭하는 경우가 많다.

그리스도의 탄생이 들에서 양을 치던 목자들과 깊은 관련이 있으므로 특히 프랑스 캐럴은 목가적이고 전원적인 요소가 영향을 많이 미치고 있다. 이탈리아의 나폴리에서는 크리스마스가 되면 언덕 위 목장에서 목동들이 내려와 마구간 앞에서 춤을 추며 캐럴을 부르는 풍습이 있었다. 재미있고 진귀한 아이디어를 내용으로 한 것이 대단히 많은데 이런 것들은 본래 캐럴이 춤을 추기 위한 노래이고, 즐겁고 흥겹고 경쾌한 기분을 노래하기 위한 것이기 때문에 교회 예배에서 부를 수는 없는 곡들이다.

널리 알려진 캐럴 중에는 〈징글벨Jingle Bells〉, 〈산타클로스가 마을에 오네Santa Claus is Coming to Town〉, 〈빨간 코 루돌프Rudolf the Red-nosed Reindeer〉, 〈화이트 크리스마스White Christmas〉 등이 있다. 대중적으로 불리는 캐럴 중에는 산타클로스를 노래하거나 기독교와 아무런 상관없는 가사로 채워진 것도 다수다.

  19세기 상반기 영국에서는 집집마다 방문하면서 캐럴을 불러주는 관습이 있었다. 마을의 모든 아이가 크리스마스에 쓸 돈을 모으기 위하여 11월 말부터 집집마다 방문하면서 캐럴을 불렀다.

  미국 작가 워싱턴 어빙Washington Irving이 1820년 영국을 방문했을 때, 그는 성탄절 새벽에 현관 앞에서 아름다운 화음으로 캐럴을 부르던 장면에 큰 인상을 받았다. 그는 글을 통해 "그리스도 탄생의 기쁜 소식을 천사들이 찬양으로 온 세상에 전했던 것처럼 우리도 마을마다 이 복음을 전해야겠다"라며 전 미국에 소개했다. 이렇게 해서 미국에 보급된 새벽 송은 '캐럴링Carolling'이라고 불리며, 몸이 불편한 사람들을 직접 찾아가 캐럴로 위로하고 성탄의 기쁨을 함께 나누는 아름다운 전통으로 자리 잡았다. 한국에서도 6·25 이후 오랫동안 성탄절 새벽이면 집집마다 돌아다니며 캐럴이나 찬송을 부르는 전통을 유지했으나 이제는 찾아보기 어려운 전통이 된 듯하다.

40
하나님은 축구를 좋아하실까?

■   하나님께서 교회, 찬송가, 오르간, 꽃꽂이 등에 관심이 있으시다는 관점에 따르면, 축구는 기독교와 거의 관계가 없어 보인다. 공을 차는 게 몸을 관리하고 체중을 조절하는 데는 도움이 될지 몰라도, 축구 자체에 무슨 가치가 있겠는가. 때로는 축구가 '세속적'이라고 생각하는 이도 있을 것이다. 그러면 거룩한 것은? 아마 기도와 성경 연구, 복음 전도와 선교라고 대답할지도 모른다.

어떤 사람은 축구 경기에 집착한다. 무명 팀의 경기를 새벽 세 시에 보는 사람도 있다. 그에게는 축구가 일종의 예배 행위가 된 것처럼 보인다. 그에게 축구는 삶의 우선순위에서 으뜸자리를 차지하곤 한다. 오늘날 많은 사람에게 축구는 이교적인 대체 종교가 되었다.

축구에 대한 당신의 관점은 무엇인가? 하나님의 관점은 무엇인가? 여기 당신에게 통찰을 줄 만한 조언자가 있다. 마크 로크스는 『축구와 하나님 나라』에서 이렇게 말하고 있다.

"하나님은 인간이 놀고 싶어 하고, 때로는 유유자적하고 싶은 욕구를 갖고 태어나게 하셨다. 성경은 우리가 웃음과 즐거움에 대한 욕구를 갖고 있음을 확인해준다. 하나님의 세계에는 희희낙락하고 하찮아 보이는 장난을 위한 여지가 있다."

폴 마샬도 자신의 책 『천국만이 내 집은 아닙니다』에서 다음과 같은 통찰을 제공한다.

"놀이를 특징짓는 정신은 무엇인가? 이는 심오하지만 매우 단순하다. 놀이는 우리가 아무 이유 없이 하는 것이다. 놀이는 그 자체를 위한 것 말고는 다른 이유가 없다. 놀이의 목적은 놀이 그 자체인 것이다."

놀이는 하나님의 선물이다. 그것은 즐거움을 위해 자유롭게 선택하는 신나는 활동이다. 즐거운 활동은 비밀과 놀라움으로 가득 차 있다. 하나님은 이 세상에 생생한 기쁨을 주신다. 그리고 우리는 놀 때 하나님께 영광을 돌릴 수 있다. 하나님은 자신의 피조물들이 놀며 즐거워하는 것을 즐기신다.

규칙에 따라 공정하게 경기하는 한 축구는 아름다운 경기다. 하나님은 우리가 이 세상에서 일하고 예배하고 쉬고 놀도록 부르셨다. 이것이 아담과 하와가 부름 받은 일이었고, 이제 우리들이 해야 할 일이다. 축구는 예기치 못한 순발력, 창의성, 즐거움을 길러준다. 그러므로 축구는 하나님의 부르심에 반응하여 우리들이 발전시킨 수많은 놀이 가운데 하나다.

41
헨델의 〈메시아〉가 연주될 때 왜 청중이 일어서야 하는가?

■ 헨델Georg Friedrich Handel의 〈메시아〉 공연에 관한 일화다. 영국의 래클 경은 해마다 크리스마스 때가 되면 헨델의 〈메시아〉를 연주하곤 했다. 연습이 다 되면 공연을 앞두고 오케스트라와 리허설을 했다. 한번은 리허설 중에 소프라노 아리아 〈내 주는 살아 계시고〉라는 곡을 솔리스트가 불렀다. 정확한 음정과 박자, 아름다운 음색과 감정 표현, 그리고 적절한 호흡을 조절해가면서 부르는 모습에 듣는 이들이 '야, 참 잘한다!' 하는 마음으로 듣고 있었다.

그런데 래클 경이 갑자기 지휘봉을 멈추고 노래를 중단시켰다. 사람들은 놀라 서로를 쳐다보았다. 그러자 래클 경은 솔리스트에게 "당신, 정말 내 주가 살아 계신 것을 믿느냐?"라고 물었다. 솔리스트는 너무 뜻밖의 질문이라 그저 당황해서 "예, 예" 하며 대답했다. 그러자 래클 경은 "그러면 다시 부르시오!" 하면서 지휘를 시작했다. 이때 솔리스트는 다른 것은 생각할 여지도 없이 하나님 보좌 우편에 계신 주님을 바라보며 노래를 불렀다. 좀 전까지 '참 잘한다!'고 생각하며 노래를 듣던 사람들은 큰 감동과 은혜를 받아 눈물을 흘리면서 그 찬양을 들었다.

헨델은 누구인가? 헨델은 바흐$^{Johan\ Sebastian\ Bach}$ 보다 3주 전인 1685년 2월 23일, 작센의 할레^{Halle}라는 고장에서 태어났다. 음악과는 전혀 인연이 없던 가정환경 속에서도 헨델은 어려서부터 음악에 끌리기 시작했고, 일곱 살 때부터는 오르간을 배웠다. 그의 아버지는 어쩔 수 없이 아들에게 음악을 가르쳤다고 한다. 헨델의 아버지가 아들의 음악적 자질에 우려를 표시했던 까닭은, 당시에는 음악가의 신분이 퍽 낮아 궁중에서 하인과 다를 바 없는 대우를 받았기 때문이다. 헨델은 극음악과 합창음악에 뛰어난 작곡가였다. 그는 자신의 음악을 알아주지 않는 독일을 떠나 영국으로 귀화하여 영국의 시민권을 얻었다(1726년).

영국에서도 그의 오페라는 성공하지 못했으나 오라토리오 작곡가로 전향해 큰 성공을 거두었다. 특히 불후의 명작 오라토리오 〈메시아〉의 〈할렐루야〉 코러스 대목에서 마침 객석에 있던 국왕 조지 2세가 감격한 나머지 자리에서 일어섰다는 일화는 유명하다. 그 뒤 〈할렐루야〉를 합창할 땐 모든 청중이 기립하는 것이 전통이 되었다고 한다.

42
한국의 전통문화 중에서 우리가 보존해야 할 것은 무엇인가?

■ 전통문화란 과거로부터 존재하고 계속 전해 내려오는 그 나라 고유의 문화를 가리킨다. 전통문화는 그 나라의 정체성과 밀접한 관련이 있다. 한 개인이 과거를 기억함으로써 자신의 정체성을 보존하듯이 나라와 민족은 그들만의 정신세계와 세계관, 문화와 풍습을 보존함으로써 그 정체성을 지켜나갈 수 있다.

일반적으로 전통문화의 범위는 선조들의 지혜가 담긴 모든 것이므로 그 범위가 매우 넓다. 음악, 미술, 무용, 음식, 의복, 주택 등 다양한 분야에 걸쳐서 전통문화는 존재한다. 우리는 이러한 다양하고 광범위한 전통문화 유산들을 유형문화재, 무형문화재, 기념물, 민속자료로 나누어서 보존·관리하고 있다.

한국의 전통문화를 다룬 책들은 전통문화를 여러 각도에서 다루고 있다. 어떤 저자는 전통문화의 배경을 사상의 관점에서 접근한다. 그래서 우리나라의 단군신화와 건국신화를 다룬 후, 무속과 불교와 유교 그리고 도교를 다룬다. 다른 저자는 전통문화의 형성과 발전을 논하면서 우리 민족과 종교, 세시풍속, 역법, 혼인 풍습, 전통 사회의 형벌, 우리 민족의 의식주, 전통 사회의 교육까지를 광범위하게 다룬다. 더 나아가 한국의 전통 색, 전통 공예, 전통 회화, 전통 마을, 심지어 전통 무예를 다룬 책들도 있다. 이로 보건대 한국의 전통문화의 범위는 한국인의 삶 전체를 형성시킨 모든 요소를 아우르는 것이다.

그러면 한국의 전통문화 중에서 우리가 보존해야 할 것은 무엇인가? 선비 정신을 예로 들 수 있을 것이다. '선비'란 어원적으로 '어질고 지식이 있는 사람'을 뜻한다. 선비는 벼슬에 나아가지 않더라도 학문과 도리를 연마하고 후진을 가르치는 것을 본연의 자세이자 임무로 삼았다. 우리는 그들에게서 치열한 진리 탐구의 정신을 배울 수 있다.

우리나라에서는 예부터 진리란 '참'을 향한 마음의 자세라고 보았다. 이러한 '참'을 향한 진리의 마음은 우리의 선조들 사이에서 가장 지고한 이상으로 여겨져왔으며 이를 구체적으로 형상화한 것이 바로 선비상이다.

조선 시대의 선비들은 사회의 양심이자 인격의 기준이었다. 그들은 현실적 욕구를 넘어, 보다 높은 보편적 가치를 추구한 사람들이었다. 전통문화의 한 유산인 선비 정신은 우리에게 큰 도전이 된다.

43

나는 까다로운 사람인가?

■　무엇이 사람들을 행복하게 하는가? 성공, 잘생긴 외모나 부러워할 만한 재산일까? 행복의 가장 중요한 요소는 친근한 인간관계다.

당신은 지금 '고비용' 유지 관계를 맺고 있는가? 상대하기 싫은 사람들을 대할 때 우리는 양자택일을 해야 한다. 우리는 함께 가라앉든지, 함께 헤엄치든지 해야 하는 것이다. 그리고 일에 대한 만족도는 보수보다도 인간관계에 의해 좌우된다. 인간관계에 따라 우리는 그 직업을 좋아할 수도 있고 진저리를 칠 수도 있다.

우리가 가장 상대하기 싫은 사람들과 겪는 어려움은 관계에 대한 문제이지 그 사람 자체에 대한 문제가 아니다. 당신 자신 속에서 그들과 같은 결점이 있음을 알게 됨으로써 당신은 다른 사람들에게 좀 더 인내할 수 있게 된다. 또한 당신은 그들에게 더 많이 공감하게 되고 그들이 당신에게 해주기를 바라는 대로 그들에게 베푸는 은혜의 태도를 지니게 될 것이다.

까다로운 사람 중에는 '비판자형'이 있다. 그는 끊임없이 불평하며 원하지 않는 조언을 하는 사람이다. 사소한 트집을 잡는다. 이런 사람의 특징은 완벽주의다. 이런 타입과 상대할 때는 그 사람이 당신의 꿈을 깨뜨리도록 허락하지 말아야 한다.

까다로운 사람 중에 '순교자형'은 언제나 자신을 희생자라 생각하며 자기 연민에 빠져 있는 사람이다. 그 사람은 패배의식에 젖어 있다. 수동적이고 자기 비난적이다. 무기력하고 비합리적이다. 순교자형이 치료되기를 원한다면 그들은 성인으로의 삶 전체가 개인적 선택과 결정의 연속임을 깨달아야 한다. 만일 이 사실을 완전히 받아들인다면 그들은 자유인이 될 것이다.

'수다쟁이형'은 소문을 퍼뜨리고 비밀을 누설하는 사람이다. 이런 사람을 신뢰하기는 어렵다. 한편 '스펀지형'은 계속해서 자기 필요를 채우기 원하고 베풀지는 못하는 사람이다. 그의 특징은 무엇인가? 그는 집착하고 일방적이다. 두려워하고 자기밖에 모른다. 숨 막히게 하고 위기를 강조한다. 스펀지형을 상대할 때는 가장 잘 도와줄 수 있는 게 어떤 것인지 핵심을 잡아야 한다. 그리고 무조건적으로 주어야 한다는 감상적 사랑을 버려야 한다.

까다로운 사람 중에 '일벌레형'은 언제나 들볶으면서 절대 만족할 줄 모르는 사람이다. 이런 사람들은 지칠 줄 모르고 자신을 몰아간다. 잘난 체하고 만족할 줄 모른다. 서두르고 쉬지 못하고 간섭한다.

일이 관계보다도 중요하다. 일벌레형의 가슴속 깊이 자리 잡은 동기는 열등감이다. 그들은 꿈을 성취하고 초과 달성을 할지라도 여전히 자신에게 이렇게 묻는다. "이것이 전부인가?"라고.

만약 우리를 열 받게 하는 사람이 있다면 그의 성격과 특징을 파악하는 것이 중요하다. 그리고 까다로운 사람 사이에 일정한 거리를 두는 것이 필요하다. 그들과 가까이서 자꾸 부딪치면 화가 나고 그 상황에 말려 들어가서 다른 일을 못하게 된다. 일정한 거리를 유지하며 객관적이고 냉정한 태도를 보여야 한다.

누군가 이렇게 말했다. "세상엔 좋은 사람, 나쁜 사람이 있는 것이 아니라 나와 맞는 사람과 맞지 않는 사람이 있을 뿐이다"라고.

사도 바울도 한마디한다. "할 수 있거든 너희로서는 모든 사람과 더불어 화목하라"(롬 12:18).

그리스도 안에서 나는 누구인가?

■　일반적으로 사람은 누구나 자기 자신에 대한 이미지를 갖고 있다. 그 이미지는 일종의 내적 자아^{inner self}에 관한 것이다. 한 사람의 성인이 되는 과정에서 우리는 과거의 '상처'로 인해 부정적 이미지(또는 자아상)를 갖게 될 때도 있다. 사실 부정적 자아상은 많은 사람에게 고통을 주는 문제가 아닐까.

　우리는 닮은 외모 덕분에 서로의 역할을 바꾼 왕자와 거지의 이야기를 알고 있다. 자신을 대하는 사람들의 태도와 처한 환경이 180도 바뀌었지만, 왕자는 변함없이 당당한 왕자였다. 자신의 신분에 대한 이해를 외부의 조건에 두지 않기 때문이다. 하지만 거지는 왕의 궁전에서 왕의 옷과 권위를 누렸음에도 여전히 자신감 없는 거지일 뿐이었다. 바로 이것이 자아상의 힘이다. 자신이 누구인지 제대로 아는 사람만이 환경과 상황에 관계없이 견고한 안정감으로 살아갈 수 있다.

『하나님이 만드신 참 좋은 나』의 저자 댄 스니드는 그의 책에서 어린 시절의 끔찍한 경험을 솔직하게 털어놓고 있다. 초등학교 3학년 때의 '한순간'이 그의 삶을 과격하게 바꾸어버렸다고 한다. 그날 저자는 심한 복통으로 급히 화장실에 가야 하는 상황이었다. 그러나 선생님은 화장실에 보내주지 않았다. 결국 설사를 했고 아이들은 비명을 질렀다. 선생님은 "이 더러운 녀석아! 어떻게 그런 일을 할 수 있니?"라고 호통을 치고, 그 지저분한 자리에 끝까지 앉아 있게 했다. 휴식 시간을 기다리는 20분 동안 선생님은 그에게 다가와 코를 막으며 "이 더러운 녀석!" 아니면 "냄새가 지독하구나!"라는 말을 반복했다. 그 사건은 그의 성격을 부분적으로 막아버리고 말았다. "이 더러운 녀석아!"라는 말이 마음속에서 계속 들렸다. 10대가 되면서 저자는 극단적으로 수줍은 사람이 되었다. 오랜 시간이 지난 후에야 하나님의 사랑으로 그 상처가 치유되었다.

성경에 따르면 건강한 사람은 사랑하고 사랑을 받아들인다. 그는 용서하고 또한 용서를 받아들인다. 누군가를 용서하지 않은 상태에서 건강한 자아상을 유지하는 것은 불가능하다. 성경은 우리에게 상처를 준 사람을 용서하라고 말한다. 성경이 가르치는 용서는 느낌에 기반을 둔 감정적인 결정이 아니다. 용서는 선택이다. 하나님은 우리의 감정에 명하지 않으신다. 그분은 우리의 의지와 사고에 명하시는 것이다. 용서란 우리의 회복을 위한 긍정적 과정일 뿐만 아니라, 우리에게 잘못한 사람들을 위한 것이기도 하다. 건강한 자아상을 가진 사람은 용서를 통해 치유의 도구가 되기도 한다.

행복한 사람은 건강한 자아상을 가진 사람이다. 그리스도 안에서 자신이 누구인지 아는 사람은 행복한 '하나님의 자녀'가 될 것이다. 그리스도 안에서 나는 누구인가?

45
왜 우리는 격려에 굶주려 있는가?

■ 　마음을 격려하는 것은 단순히 사람들에게 친절하다거나 치어리더처럼 행동하는 것 이상의 의미를 지닌다. 관리자 중 50퍼센트만이 높은 성과를 올린 것에 대해 인정해준다고 한다.

　한 지도자는 타인을 인정하고 성공을 축하하는 일의 중요성을 깨달은 후 동료 직원의 성과를 공개적으로 인정해주기 시작했다. 팀이 획기적인 성공을 거두었을 때는 팀원 전부를 찾아다니며 악수를 나누었다. 몇몇 핵심 팀원과는 점심식사를 같이하고, 모든 팀원에게 프로젝트를 위해 애쓴 데 대해 감사하다는 전화를 걸었다. 직장에서 격려하는 분위기를 만든 지 얼마 지나지 않아 생산성이 향상되고 고의적인 결근이 줄어들었다. 또한 동료 간에 인간적인 유대도 강화되었다. 더욱이 함께 일하는 직원들이 솔선수범해서 일했기 때문에 그 자신의 일도 한결 수월해졌다고 한다.

격려를 표현하는 것은 중요하다. 분명한 점은, 마음을 격려하는 리더와 함께 일하면 자기 스스로에 대해서도 더 좋은 느낌을 갖게 된다는 것이다. 일단 자부심이 높아진다. 이런 리더들은 사람들의 마음을 자유롭게 풀어주기 때문에 사람들이 스스로 가능하다고 여긴 것 이상의 존재가 될 수 있도록 영감을 주는 경우가 많다. 이것이야말로 리더의 궁극적인 사명이다.

감성지능Emotional Intelligence의 전도사 다니엘 골맨은 이렇게 말한다. "EQEmotional Quotient, 감성지수란 리더의 성질이고, 다른 능력들을 방해하거나 촉진하기도 하는 등 매우 큰 영향을 끼치는 역량이다." 또한 그는 EQ의 5가지 특징 중 공감은 "근본적인 경영 기술"이라고도 언급했다.

이런 점으로 보아 격려는 피드백의 한 형태라 할 수 있다. 긍정적인 정보는 우리가 진보하고 있다고, 옳은 길을 가고 있다고, 목표 기준에 맞게 살고 있다고 말해준다. 그러나 격려의 장점은 다른 형태의 피드백보다 더 사적이라는 것이다. 격려를 하려면 그 사람과 가까워져야 하고, 내가 그 사람에게 마음을 쓰고 있다는 것을 보여줘야 한다.

상대방이 격려받을 수 있도록, 즉 진심으로 인정해주기 위해서는 반드시 그 상대에 대해 알아야만 한다. 그가 좋아하는 것과 싫어하는 것, 그가 공개적으로 인정해주는 것을 좋아하는지 아니면 그런 것에 위축되는지, 어떤 때 자신의 공적을 인정하고 어떤 때 꺼리는지에 대해서까지 되도록 많이 알아야 한다. 상대방에 대해 잘 모른 채 인정하면 그것은 아무 의미가 없다.

격려는 아름다운 기술이다. 격려는 개인을 세우고 공동체의 분위기를 바꾼다. 그러므로 이제 나부터 지혜로운 격려자가 되자.

46
스포츠웨어는 왜
빨강과 파랑이 많은가?

■   여러 나라의 국기 색에 왜 빨간색과 파란색이 많은가? 코카콜라의 로고는 왜 빨간색인가? 일본 전화번호부가 노란색으로 바뀐 이유는 무엇인가? 등등 색에 대한 질문은 꼬리에 꼬리를 문다.

색채는 커뮤니케이션의 새로운 채널이다. 무수한 색이 끊임없이 우리들에게 말을 걸어온다. 색은 인간의 마음이나 몸에 어떤 작용을 할까?

에너지를 극도로 고조시키는 빨강은 아름답다. 그러나 그 아름다움과 격렬함은 죽음 직전까지 끌고 가는 마력을 가지고 있다. 안데르센의 『빨간 구두』는 그런 공포가 가득한 빨강의 이미지를 남기는 동화다. 분명히 빨강은 고대부터 세계 각지의 축제나 주술의 의식 속에서 마술적인 힘을 가진 색으로 쓰여왔다. 기독교에서 붉은 포도주는 하나님의 아들 그리스도의 피를 의미한다. 빨강은 인간의 심층심리에서 선악을 초월한 강력한 힘의 원천으로 하나의 상징성을 가진 색이다. 만약 여자가 빨간 드레스를 입고 있다면 몸 전체에서 힘찬 정열을 느낄 수 있을 것이다.

파랑은 다른 어느 색보다도 다양한 인간의 마음을 나타낼 수 있는 폭이 넓다. 밝고 환한 하늘색에서 짙고 가라앉는 느낌의 남색에 이르기까지 파랑의 변화는 풍부하다. 그리고 그 변화는 인간 감정 변화의 복잡한 과정과 연관이 있다. 스카이블루라고 한다면 희망이나 적극성과 연결된다. 또 엷은 파랑이면 베이비블루라는 말처럼 유아복을 떠오르게 하며 부드럽고 따뜻한 감정을 불러일으킨다. 초록이 약간 섞인 듯하다. 진한 파랑은 마린블루라고 불리며 깊은 바다색이기도 하고 정화나 진정의 의미를 갖는다.

피카소Pablo Picasso는 파랑을 추구한 화가다. 이유는 그의 내면에 있었다. 19세 때 피카소는 자신의 인생에 영향을 미칠 커다란 슬픔을 경험했다. 바르셀로나에서 같은 뜻을 품고 파리로 온 화가 카를로스 카사헤마스가 자살한 것이다. 젊은 나이에 피할 수 없는 인간의 죽음과 맞선 피카소는 고독의 의미를 깊게 생각했다. 인간의 마음이 깊은 내면으로 향할 때 나타나는 색이 파랑이다. 피카소는 고독한 사람들의 고뇌를 날카롭게 느끼고 그 모습을 캔버스에 파랑으로 정착시켰다.

빨강이 에너지를 발산하는 색이라면 상대적으로 파랑은 구심적이고 억압 기재가 강한 색이다. 한 조사에 따르면 형제가 태어나면서 고독을 알기 시작하거나 초등학교 혹은 중학교 입학 시기 등 새로운 집단에 적응하지 않으면 안 되는 때에 아이들이 파랑을 몹시 좋아한다고 한다.

　가장 짧은 파장인 보라는 우리들의 몸과 마음을 치유하는 효과를 가지고 있다. 그러므로 사람은 몸과 마음의 활동이 저하될 때나 아플 때 보라색을 아름답게 느끼며 그 색을 선택하는 게 아닐까.

　강박증 환자가 복용하는 캡슐에는 빨강과 노랑이 적합하다고 한다. 어떤 병을 가진 환자가 심리적으로 싫어하는 색채를 캡슐로 사용하는 것은 치료 효과를 떨어뜨린다. 이런 방법으로 '혈압강하제는 밝은 갈색', '비타민제는 빨강, 초록', '항비타민제는 노랑, 파랑', '항균 및 소독제는 터키블루, 파랑' 등의 색 구성을 제안하고 있다.

　스포츠웨어는 왜 빨강과 파랑이 많은가? 색채 연구가에 의하면 빨강의 의미는 '강한 자기주장', 파랑의 의미는 '외부의 규범'이라고 말한다. 스포츠 그 자체의 게임성, 즉 '규칙 속의 자기주장'이라는 면에서 빨강과 파랑이 자주 눈에 띄는 것은 당연하다고 볼 수 있다.

　일본의 색채심리연구가 스에나가 타미오는 『color는 doctor』에서 "색은 언어와 다른 차원에서 인간을 해방하는 힘을 지니고 있다"라고 말한다. 이미 '컬러 테라피'라는 말이 우리 옆에 다가와 있다. '색채 요법'이라고 옮길 수 있는 말이다. 서양 문화에서 컬러 테라피는 고대 그리스와 이집트 신화에 기원을 두고 있다.

47
왜 남자와 여자는 서로 끌리는가?

■　존 그레이는 『화성에서 온 남자 금성에서 온 여자』에서 남녀의 차이를 흥미진진하게 풀어내었다. 남자와 여자는 의사를 전달하는 방법이 서로 다를 뿐만 아니라 생각하고 느끼고 지각하고 반응하고 행동하고 사랑하고 필요로 하는 것 등 모든 것을 달리한다.

저자에 의하면, 여자가 남자의 공감을 얻고자 할 때 남자는 항상 문제를 해결해주기를 바란다고 생각하기 때문에 상황을 악화시킨다. 또 여자는 천성적으로 남자를 좀 더 낫게 변화시키려 하지만 능력을 인정받고 싶은 남자는 이를 모욕으로 받아들여 싸움이 시작된다.

남녀가 서로 차이를 인정하지 않고 상대방이 나와 비슷해지기를 기대할 때 긴장과 원망과 불화가 생겨난다. 마치 다른 행성에서 온 사람을 대하듯 서로 차이를 이해하려고 노력하는 것 자체만으로도 많은 문제가 풀릴 수 있다는 것이 이 책의 메시지다.

다른 행성에 온 것 같은 서로 다른 남자와 여자는 왜 서로 끌리는가? 학자들은 남자와 여자가 끌리는 것이 거의 '동물적 감각'에 의해 결정된다고 말한다. 그 동물적 감각의 중추에 바로 페로몬이 있다. 페로몬은 과학적으로 그 실체를 인정받은 물질이다. 생물학의 거장인 에드워드 윌슨은 개미들 사이의 소통에 '페로몬'이 작용한다는 연구로 박사 학위를 받았다.

성페로몬Sex Pheromone은 페로몬 중에서 가장 종류가 많고 잘 연구된 페로몬이다. 성페로몬은 나비목과 딱정벌레목 등에서 많이 보고되지만 바퀴목, 벌목, 파리목, 매미목 등에서도 관찰된다. 이 곤충들의 성페로몬은 주로 암컷이 분비하지만 일부 나비목, 딱정벌레목, 파리목 및 노린재목에서는 수컷이 분비하는 경우도 있다. 일부 밤나방, 잎말이나방, 불나방 등에서는 암컷과 수컷 모두에서 탐지된다. 성페로몬을 탐지한 곤충의 행동은 종에 따라 자세한 모습에서 차이를 드러내지만 일반적인 과정은 거의 비슷하다.

페로몬은 유인하는 힘을 발휘하고 구애 전 행동과 구애 행동을 유발한다. 이런 면에서 이들은 성 유인제라 할 수 있다. 양성 생활을 하는 곤충에서는 암수 상호간에 인식하고 교미를 거쳐 산란하지 않으면 안 된다. 암수 간의 인식에 성페로몬이 커다란 역할을 한다. 일반적으로 곤충은 수컷은 능동적이고 암컷은 수동적이며, 형태도 이에 따른다.

피터 칼손이라는 과학자는 페로몬을 "체내에서 생산되고 체외로 배출되어 동종 개체에 특이한 행동을 일으키는 물질"이라고 정의한다. 그에 의하면 페로몬은 한 개체를 넘어서 다른 개체들과 커뮤니케이션하고 궁극적으로 '사회화'하는 데 중요한 역할을 하는 물질이다. 단순히 이성을 유혹하는 물질을 넘어서 '인간을 사회화해주는 진정한 묘약'이라는 것이다.

그러나 남자와 여자 사이의 친밀한 관계나 사랑을 페로몬으로만 설명하라면 너무 건조하지 않을까? 사랑이 인간의 근원적인 감정으로 인류에게 보편적이라면 그 원천을 생물학으로 또는 뇌 과학으로만 이해하려는 것은 사랑을 지나치게 표면적으로 보는 것이 아닐까? 남자와 여자는 서로 끌릴 뿐만 아니라 인격적인 교제가 가능하기 때문이다.

48
성공한 사람들의 매력은 무엇일까?

■ 우리 사회에서 성공한 사람들의 매력과 경쟁력은 무엇일까? 한 이미지 컨설턴트는 "객관적인 이미지의 힘을 어떻게 비즈니스와 연결시키느냐"는 문제를 컨설팅하면서 수많은 CEO와 유명 인사들을 만났다. 그 과정에서 그는 오늘날 새롭게 성공하는 사람들의 특징과 흐름을 감지하게 되었다. 이들의 공통점은 한마디로 '따뜻한 카리스마'였다.

성공한 사람들에게는 원만한 인간관계와 공감 능력이 있다. 타인에 대한 공감 능력은 이제 비즈니스 리더들에게 요구되는 덕목이 되었다. 이것은 감성지수^{EQ}와 공존지수$^{NQ,\ Network\ Quotient}$라고 부를 수도 있는 능력이다. 이는 다른 사람들과 더불어 잘 사는 능력이다. 한국의 CEO들도 변하고 있다. 일방적으로 지시하고 명령하던 모습을 벗어딘지기 시작한 것이다. 현장으로 뛰어가고, 직원들에게 먼저 말을 건네고, 스포츠 관람이나 등산을 가자고 제안한다.

세계 굴지 기업의 최고 경영자들에게서 공통적으로 엿보이는 것은 바로 겸손함과 실력, 그리고 자신을 철저하게 다스리며 타인을 존중하고 배려할 줄 아는 감성적 리더십이다. 겸손은 그저 자신을 낮추는 것이 아니다. 상대방을 마음으로 존중하고 그것을 성숙한 모습으로 표현하는 것이 겸손이다.

키스 해럴은 『태도의 경쟁력』이란 책에서 "우리는 살아가면서 다른 사람들을 필요로 한다. 그들의 관점과 지혜, 지원이 필요하다"라고 했다. 자신의 신념과 관심사를 공유하는 사람들과 친밀한 관계를 유지해야 하는데, 이들을 '지원팀'이라고 부른다. 이 지원팀을 만들려면 이기심을 버리고 겸허한 마음을 가져야 한다. 겸손해야 사람을 얻을 수 있다는 것이다.

또한 따뜻한 카리스마가 있는 사람은 유머의 가치를 안다. 백악관에서는 연설문에 삽입할 몇 줄의 유머에 몇천 달러를 쓰기도 한다. 미국의 정치인들은 재치 있는 농담을 시시때때로 던지는 것이 몸에 배어 있다. 레이건이 1981년 존 힝클리라는 정신질환자가 쏜 총에 가슴을 맞았을 때, 부인 낸시 여사가 회복실에 들어서자 그가 말했다. "여보, 총알이 날아올 때 납작 엎드리는 걸 깜빡 잊어먹었어. 영화에선 참 잘했는데 말이야." 몸에 밴 그의 유머는 가족을 안심시키기에 충분했다.

누군가 이렇게 말했다고 한다. "유머는 치열한 전쟁터에서 피어나는 한 떨기의 꽃이다." 물론 그 유머는 시기가 적절하고 대상에 맞아야 한다.

　21세기는 따뜻한 카리스마가 있는 사람을 요구한다. 그리고 따뜻한 카리스마는 진실과 솔선 그리고 봉사의 인격에서 나온다.

49 웃음은 왜 전염되는가?

■ 하품에 전염되어본 적이 있는가? 누구나 한 번쯤은 다른 사람이 하품하는 모습을 보고 자신도 모르게 하품을 따라서 해본 적이 있을 것이다. 또 마주 앉아 이야기를 나누고 있는 사람의 얼굴 표정 또는 얼굴의 미세한 근육 변화를 지켜보다가 내 얼굴에서 똑같이 일어나는 것을 느껴본 경험이 있을 것이다. 마치 거울에 비친 것처럼 말이다. 이 모든 현상은 우리의 의지와는 상관없이 거의 자동적으로 일어난다. 연구 결과에 따르면 근육이 수축하고 동작이 일어났다는 것은 우리의 중추신경계에서는 그와 관련된 운동 프로그램이 실행된 것이다.

어째서 다른 사람의 움직임이나 동작을 보고 나도 모르게 따라서 하는 현상이 일어날까? 이를 신경생리학적으로 설명해주는 것이 바로 '거울신경세포Mirror Neuron'이다. 거울신경세포란 다른 사람이 어떤 동작을 실행하는 것을 관찰할 때나 자신이 그 동작을 실행할 때에 활성화되는 신경세포를 말한다. 마치 거울에 비친 것처럼 활성화된다고 하여 붙인 이름이다.

신경과학 역사에서 가장 획기적인 발견으로 평가받는 이 거울신경세포 연구는 이탈리아의 아인슈타인이라고 불리는 파르마 대학의 뇌 연구자 자코모 리촐라티Giacomo Rizzolatti가 이끄는 연구실에서 진행되었다. 거울신경세포 존재는 아주 우연한 사건으로 발견되었다.

발견 당시, 연구팀은 거울신경세포가 아닌 다른 주제를 연구하고자 원숭이의 뇌에 미세 전극을 삽입하고 연구를 하고 있었다. 전극은 해당 뇌 영역의 전기적 신호를 감지하고자 설치한 것으로 전극을 통해 얻은 전기적 진폭의 변화는 바로 해당 뇌 영역이 활성화되었다는 것을 의미한다. 연구팀은 진폭의 변화를 소리로 변화시키는 증폭 장치에 연결을 해두었다. 그래서 신경세포들이 활성화될 때마다 연구자들은 '쿵쿵' 소리를 들을 수 있었다.

연구자들은 처음에는 이 놀라운 현상이 무엇을 의미하는지를 알 수 없었다. 그 당시 신경생리학적 패러다임은 뇌를 전체의 통합된 하나의 시스템으로 보지 않았다. 파르마 대학의 연구실에서도 마찬가지였다. 발견 당시의 실험에서 연구자들은 뇌의 운동 영역에 있는 한 무리의 신경세포들이 오른쪽을 움직이든 왼쪽을 움직이든 간에 모두 활성화되는 것과 특정한 쥐기(두 손가락으로만 집는 정밀한 잡기)를 할 때 동원되는 신경세포들이 다른 형태의 손동작 시에는 동원되지 않는 것도 이상하다고 생각하는 정도였다.

이제 많은 관련 연구들이 말해주듯 거울신경세포들은 다른 사람이 하는 동작을 관찰할 때도, 동작을 연상하는 소리만 들었을 때도, 상황을 말해주는 장면을 볼 때에도 활성화된다는 것을 알게 되었다. 많은 연구 영역들이 이 퍼즐 맞추기에 동참하고 있다. 이제 거울신경세포는 사람이 어떻게 다른 사람의 심정을 이해하고 공감하는가, 어린아이들은 어떻게 문화를 습득하고 계승해가는가, 다른 사람의 몸짓을 보고 우리는 어떻게 그 동작의 의미하는 바를 이해할 수 있는가를 설명해줄 수 있는 중요한 신경 기질로 인정받고 있다. 더 나아가 거울신경세포와 관련된 연구들은 이제 거울신경세포 시스템이 문제가 생긴 사람들의 재활에도 적용되고 있다.

웃음이 전염되는 까닭도 이 거울신경세포 때문이 아니겠는가? "내가 웃으면 세상이 웃는다"는 말이 있다.

50

음악은 어떻게 우리의 영혼을 달래주는가?

■   종교개혁자 마르틴 루터는 "음악이 신학 다음으로 하나님의 가장 큰 선물이다"라는 명언을 남겼다. R. W. 에머슨은 "인간에게 있어 심금을 울리며 모든 병을 치료하는 가장 좋은 것은 음악의 힘과 언어다"라고 했다.

음악은 리듬과 선율, 화성, 음색을 통해 인간의 생각과 정서를 의미 있는 형태로 표현하는 시간 예술이며 청각 예술이다. 음악은 인류 문명 이래로 치료적 목적으로 널리 사용되어왔다. 음악을 치료로 사용한 기록은 원시시대로까지 거슬러 올라간다. 파피루스에 남아 있는 기록에 의하면 이집트 사람은 4000년 전에 음악과 약물로 사람을 치료했다.

성서에서는 구약에 다윗이 이스라엘의 초대 왕 사울의 병(우울증으로 추측)을 수금 연주로 치료하는 기록이 있다. 이때 악신이 떠났다고 한다. 고대 그리스와 로마 문화에서 음악과 의학을 담당한 신인 아폴로 신전에서는 음악과 함께 심리치료적인 의식이 행해졌다고 한다.

음악은 어떻게 우리의 영혼을 달래줄까? 음악은 정신의 약이라고 한다. 음악이 마음을 치료하는 기능이 있다고 학자들은 말한다. 음악 치료Music Therapy를 연구하는 사람들은 음악에는 비언어적 특성이 있으므로 의사소통의 보편적인 수단이라고 본다. 음악은 일종의 소리 자극으로써 개인의 상태나 지적 수준에 상관없이 인간의 몸과 마음에 울림을 주는 힘이 있다.

물론 음악을 통하여 혈압, 심장 박동, 호흡, 피부 반응, 뇌파, 그리고 근육 반응 등에 변화가 있다는 것이 여러 연구를 통해 밝혀졌다. 정확한 리듬과 선율을 가진 음악은 좀 더 뚜렷한 생리적인 변화를 가져온다. 이와 같은 자율신경계의 변화는 결국 마음에도 영향을 미친다.

최근에는 음악 치료가 임산부의 출산 과정을 돕는 수단으로, 말기 암 환자를 위한 정신적 또는 신체적인 도움을 위해 사용되고 있다. 또한 일반인들의 면역물질을 활성화하는 수단으로도 사용되고 있다.

음악은 인간의 감정과 정서에 영향을 미친다. 동양에서는 음악이 사람됨을 이루어가는 데 중요하다고 보았다. 공자도 이렇게 말한다. "시를 읽음으로써 바른 마음이 일어나고, 예의를 지킴으로써 몸을 세우며, 음악을 들음으로써 인격을 완성하게 된다."

51

십계명, 오늘 우리에게 무엇을 말하는가?

■　　20대 후반에 한 교회의 대학부를 지도할 때 '십계명'을 가르친 적이 있다. 강의를 준비하는 과정에서 십계명에 관한 신선한 정의를 만나게 되었다.

"인간의 행복을 위한 하나님의 열 마디 사랑의 말씀."

그렇다. 십계명은 무거운 율법이 아니라 우리의 행복을 위한 사랑의 말씀이다. 왜냐하면 십계명은 우리의 삶의 우선순위를 보여주고 삶을 보호하는 말씀이기 때문이다.

십계명은 모든 사람을 위한 하나님의 법이다. 십계명은 하나님이 아니라 우리의 유익을 위한 명령이다. 교통법규를 지켜야 안전하게 운전할 수 있듯 십계명은 그리스도인의 삶을 지켜준다. 물론 십계명 준수 자체가 기독교의 본질은 아니다. 기독교의 본질은 하나님과 올바른 관계를 맺는 것이다. 십계명은 그 관계의 회복으로 우리를 안내한다.

따라서 1계명(나 외에는 다른 신을 섬기지 말라)은 태양계의 태양이며, 십계명의 핵심이다. 왜냐하면 십계명에서 하나님을 분리할 수 없으며, 기독교의 본질이 '십계명 준수'가 아니라 하나님과의 바른 관계임을 알려주기 때문이다.

미국 듀크 대학 석좌교수 스탠리 하우어워스는 윌리엄 윌리몬과 함께 쓴 명저 『십계명』에서 "십계명은 낡지 않았다"라고 선언한다. 저자는 "십계명을 온전히 아는 사람은 성경 전체를 아는 것이다!"라는 마르틴 루터의 말을 인용하면서 십계명의 근본적 중요성을 역설한다. 그리고 이스라엘 사람들을 애굽의 종에서 구속해내셔서 자신을 예배하라고 말씀하신 하나님의 명령에 비추어 십계명을 해석한다.

십계명은 오늘의 크리스천에게 어떤 의미가 있는가? 십계명은 죽은 문자가 아니라 하나님 나라의 대헌장이다. 십계명은 자신이 하나님의 소유임을 알게 된 기독교 공동체가 세속문화와 맞서 살아갈 수 있도록 도와준다. 따라서 하나님이 친히 쓰신 십계명은 이 땅의 신자들이 삶으로 살아내야 할 하나님 나라의 대헌장이다.

하나님께 예배하는 공동체적 삶과 분리되어서는 십계명을 온전히 이해할 수 없다. 십계명은 우리가 참되신 하나님을 예배할 때 하나님이 우리를 어떻게 빚어가시는지를 세상에 드러내는 것이며, 우리의 일상의 삶을 통해 우리 안에 감추어진 하나님의 놀라우신 계획을 드러나게 하는 주된 수단이다.

십계명, 그것은 하나님의 백성을 위한 하나님의 압축 파일이다.

52
왜 고문이 사라지지 않는가?

■　"고문이라는 수단을 통해 30개의 폭탄을 제거했다고 하자. 그 대가로 당장 몇몇 사람들을 구할 수 있을지도 모르나, 동시에 다른 방식으로 다른 곳에서 활동할 50명의 새로운 테러리스트를 만들어냄으로써 더 많은 무고한 사람들의 죽음을 불러올 것이다."

노벨상을 받은 프랑스 소설가 알베르 카뮈Albert Camus의 말이다.

인류의 역사는 고문의 역사다. 바빌론이나 유대의 율법에는 고문에 대한 언급이 없지만 아시리아인과 이집트인들이 고문을 사용했다는 증거는 있다. 기원전 약 1300년경 이집트의 히타이트 원정 때 적의 병력 배치 상황을 알아내기 위해 람세스 2세는 몇몇 포로들을 고문했다. 그리스 국가에서 고문은 공개적으로 이루어졌으며, 소송 당사자들이 직접 고문을 할 권리도 주어졌다. 국가적인 사건에서, 특히 반역죄의 경우는 노예들을 동원하여 고문을 할 수 있었다. 고문을 가하는 목적 중 가장 중요한 것은 고문하지 않고는 알아낼 수 없는 정보를 얻는 데 있었다. 로마에서도 노예와 외국인들에 대한 고문은 법적으로 용인되었다. 반역죄는 예외 없이 고문으로 다스려졌다.

기독교를 국교로 채택하기 전 로마에서는 기독교인들을 고문해 구세주를 부인하고 황제의 지배권을 승인하도록 강요하는 경우가 흔했다. 서기 64년, 네로 황제는 로마를 불태운 책임이 기독교인에게 있다고 지목했다. 그가 가장 좋아했던 고문 장소는 궁궐의 정원이었다. 어떤 희생자들은 늑대 가죽을 뒤집어쓴 채 야생의 개들에게 조각조각 물어 뜯겼고, 또 다른 희생자들은 역청이 발라진 채 불태워져서 밤의 횃불 역할을 했다.

로마에서 고문은 거의 모든 형벌에 쓰일 정도로 너무나 흔하게 사용되었다. 고문은 추방이나 사형을 능가할 정도로 빈번했는데, 시민들이 채무자를 사적인 공간에 가두어놓고 빚을 다 갚을 때까지 고문할 수 있을 정도였다. '플란젤룸'이라고 불렸던 로마의 채찍은 모두가 두려워했다. 그 가죽 끈은 황소 가죽으로 만들었는데, 때로는 납을 매겨 더 무겁게 만들었기 때문에 살갗 깊숙이 파고 들어갈 수 있었다.

유세비우스는 팔레스타인 순교자들의 역사를 다루면서 아피아누스의 처형을 다음과 같이 기술했다.

"순교자는 매우 높이 매달렸는데 이는 구경꾼들이 그 모습을 보고 공포에 떨지 않을까 염려해서다. 사형 집행인들은 빗처럼 생긴 도구로 그의 옆구리와 갈비뼈를 찢어서 온몸이 마치 한 뭉치의 종기덩어

리처럼 부풀어 오르게 만들었다. 그의 형상은 금방 다른 모습으로 변했다. 그 후 순교자의 두 발은 오랫동안 뜨거운 불로 태워졌다. 그 불은 뼈들이 마른 갈대처럼 드러날 때까지 계속 타올랐다."

다양한 종교와 사상을 막론하고 고문은 권력을 유지하고 타자를 억압하는 수단으로 기꺼이 채택돼 세계 곳곳에서 벌어졌다. 고문은 지역과 시대를 막론하고 공권력에 의한 범죄자의 효과적인 범죄 자백 수단인 동시에 피지배자에 대한 지배자의 효과적 훈육 수단으로 인식돼왔다.

오늘날 고문에 대항해 싸우고 있는 주요한 세력으로는 국제사면위원회Amnesty International를 들 수 있다. 그들은 끝나지 않는 투쟁을 하고 있다. 지금까지도 세계 많은 나라에서 정치범과 범죄자에게 고문이 가해지고 있기 때문이다.

『고문의 역사』를 쓴 브라이언 이니스는 고문을 이렇게 정의한다.

"고문은 인간의 권리와 존엄성에 대한 비열하고도 사악한 침해이자 죄악이며, 어떤 식으로도 정당화될 수 없는 저열한 수단이다."

53 식물들은 어떤 작곡가를 선호하나?

■   살아가면서 죽고 싶다는 생각을 한 번도 하지 않은 사람이 과연 몇이나 될까. 식물도 이런 생각을 하는 것 같다. 예를 들면 전날까지 멀쩡하던 나무가 하루아침에 갑자기 고사하는 경우가 종종 있다. 물론 나무의 반응은 즉각적으로 나타나는 것이 아니어서 멀쩡했던 때와 뭔가 잘못되기 시작한 때를 명확히 구분하기는 사실상 어렵지만 분명 그 나무는 어떤 심경의 변화가 일어나, 삶을 포기하거나 자신을 파괴하고자 하는 욕망을 느꼈을 것이다.

1960년대 미국의 거짓말 탐지기 전문가인 백스터는 검류계檢流計를 이용한 식물의 자극-반응 실험에 몰두해 있었다. 이 실험은 주로 식물에게 위협적인 자극을 가하고 자극에 대한 반응을 읽어냄으로써 식물도 사람과 같이 생각한다는 것을 증명하는 것이었다. 대체로 식물을 죽이는 직업을 가진 사람(식물생리학자)과 대면했을 때 식물들은 자극에 대해 아무런 반응도 보이지 않다가, 그가 떠난 뒤에야 반응을 보였다. 백스터는 이 사실을 바탕으로 식물도 사람과 같이 아예 극단적인 상황에 직면했을 때는 잠시 기절하거나 아예 실신함으로써 일종의 자기 방어와 같은 조치를 취한다고 결론 내렸다.

부분적으로 식물에게도 어려움 앞에서 잠시 삶을 비껴가고자 하는 의지가 있는 것으로 보인다. 단풍이나 낙엽은 이런 의미에서 일종의 구조 조정인 것이다. 한창 생육기에 비가 제대로 내리지 않아 어려움을 당하면 잎, 꽃, 열매가 빨리 떨어진다. 나무도 신경쇠약이나 신경질적인 반응을 보이는 것이다. 나뭇잎이 하도 예뻐 한 장 뜯으려 하면 줄기까지 쭉 찢겨질 정도로 연결되어 있던 잎이 스트레스를 받으면 아주 쉽게 떨어져 나간다. 이때는 분열 조직으로부터 생장을 정지하고 몸의 소모 기관을 제거하라는 신호 물질, 애브시스산^{Abscisic Acid}이라는 생장 조절 물질이 만들어진 것이다.

요즈음 가축들은 좋은 음악을 들으며 좋은 환경에서 사육된다. 식물도 사람들이 가꾸어놓은 따뜻한 온실에서 좋은 음악을 들으며 자라는 것들이 많다. 그들은 마치 뱃속의 아기처럼 좋은 환경 속에서 좋은 음악만을 들으며 자라는 것이다. 실제로 온실 속에서 음악을 듣고 자란 채소의 생산량이 좋다는 것은 눈으로 확인된 사실이다.

실례로 옥수수, 호박, 백일홍, 금잔화 등을 대상으로 한 실험에서 클래식 음악과 록 음악을 식물에게 지속적으로 들려준 결과 클래식 방송을 틀어준 쪽으로 줄기가 이동하여 자라는 현상이 나타났다. 이러한 일련의 실험적 성공에 힘입어 미국의 한 음반 회사는 식물의 생장 촉진용 음반을 제작하기도 했다. 오늘날 어린이들은 비디오나 TV의 과도한 시청으로 인해 뇌가 비정상적으로 발달해 있다고 한다. 좌우 뇌가 동일하게 성장하지 못하고 한쪽 뇌만 특이하게 비중이 높아졌다는 것이다. 사람이 이 정도라면 환경에 예민한 식물의 반응은 더욱 강도 높은 것이 될 것이다.

식물들은 특정 작곡가를 선호한다고 한다. 많은 실험을 통해 밝혀진 바에 따르면, 식물들은 바흐의 오르간 음악을 좋아하는 것으로 나타났다. 식물은 왜 바흐를 좋아할까? 우리의 궁금증은 끝이 없다.

54

교회는 '안전한 피난처'인가?

■ 현대인들은 클럽을 조직하고 군중을 모으는 데 전문가다. 그러나 클럽, 군중, 심지어 종교적인 단체라 할지라도 공동체는 아니다. 우리는 공동체를 사거나 만들어낼 수 없다. 오로지 공동체가 되도록 우리 자신을 내어놓을 수 있을 뿐이다.

진정한 공동체에서는 사람들이 서로를 안다. 사실 영적 공동체의 형성은 복잡하고 인내심이 요구되며 고통이 따르는 성령의 작업이다. 영적 공동체는 오직 성령의 힘으로만 가능한 '하나 됨'을 경험한 사람들의 모임이다. 예를 들면 독일의 경건주의자 진젠돌프 백작[Count Zinzedorf]이 지도한 모라비안 교도들은 헤른후트[Herrnhut]에서 그와 같은 경험을 했다. 성령 안에서의 일치를 경험한 그들은 집단 내의 갈등을 극복하고 이전과는 전혀 다른 공동체가 되었다.

진정한 공동체에는 영혼의 돌봄이 있다. 영혼의 돌봄은 두 가지 종류의 관계를 필요로 한다. 영적 우정과 영적 지도가 바로 그것이다. 영적 우정은 영적으로 같은 생각을 가지고 자신의 삶을 함께 나누는 동료들 사이에 존재하는 것이다. 영적 지도는 특별히 따로 시간을 내어 성숙한 사람이 다른 한 사람에게 아무런 대가 없이 그의 삶의 문제를 기꺼이 들어주고, 기도하고, 조언하는 것이다. 특히 영적 지도자는 성령을 알고, 성령을 신뢰하며, 부르심과 은사, 자기 인식을 따라 인간 영혼의 활동을 들여다볼 수 있는 사람이다. 그는 영혼을 궁극적인 종착지로 인도할 수 있는 사람이다.

오늘날 교회는 안전한 피난처인가? 오늘날 교회는 안전한 피난처로서의 공동체를 잃어버리고 있다. 예배 시작 시간에 옆 좌석에 있는 성도와 인사를 나누라는 초청은 일반적으로 별 의미 없이 끝나버린다.

상담신학자 래리 크랩Larry Crabb은 "교회는 하나님을 향해 함께 여정을 걸어가는 영적 친구와 영적 지도자로 이루어진 공동체로 디자인되었다"라고 말한다. 영적 공동체와 영적이지 않은 공동체의 구별은 갈등의 유무에 있는 것이 아니라 갈등에 대한 우리의 태도와 갈등을 다루는 접근 방식에 달려 있다. 공동체의 중심 과제는 우리들 각자가 자신의 깨어짐을 받아들이고 드러낼 수 있을 만큼 안전한 곳을 창조하는 일이다.

55

의료 선교사 알렌은
명성황후 시해 사건 때 무엇을 했나?

■ 한국에서의 초기 선교 활동은 단순히 복음 전파로 끝나지 않았다. 복음 전파와 함께 선교사들이 관심을 갖고 추진한 선교 사업은 첫째 의료 사업이었다. 선교가 시작되자 장로교와 감리교는 의료 사업을 한국 선교의 중요한 선교 정책으로 삼고 추진했다. 박용규 교수에 의하면 "이것은 적어도 선교 초기 단계에서 당시 한국 선교 발전에 긍정적인 영향을 주었다"(『한국장로교사상사』, 53쪽).

알렌Horace N. Allen 박사는 1858년 4월 23일 미국 오하이오 주 델라웨어에서 태어나 오하이오 웨슬리안 대학에서 공부했고, 마이애미 의과대학을 1883년 졸업했다. 같은 해 10월 11일 그는 의료 선교사로서 중국에 도착하여 상하이上海와 난징南京 등지를 돌아다니며 적당한 지역을 찾다가 정하지 못했다. 그러던 중 상하이에 있던 친구 핸더슨

박사의 권유로 한국에 갈 결심을 하게 되었다. 알렌은 한국 주재 외국인들에게 의사가 필요한지를 신중하게 알아보았다. 그는 그 결과를 선교부에 보고하면서 한국으로 임지를 바꾸어주기를 요청했다. 선교부는 6월 22일 이를 허락했다.

알렌은 1884년 9월 14일 상하이를 떠나 20일에 제물포(인천의 옛 이름)에 도착했다. 22일에는 한성에 들어갔다. 그러나 처음부터 그는 선교사의 신분을 숨기지 않을 수 없었다. 그는 미국 영사관 공의로 무보수로 일했고, 이어서 영국과 청국 그리고 일본 영사관의 공의로 일했으며, 세관 의사로도 수고했다.

알렌은 선교사의 신분을 숨기면서도 어학 선생 이하영을 전도했다. 이하영 씨를 이어 노도사가 어학 선생이 되었다. 1884년 12월 4일 갑신정변이 일어났을 때 알렌은 노도사가 자기 책상에 있는 복음서를 읽는 것을 발견했다. 노도사는 그 후에도 계속 성경을 숨어 읽다가 세례를 받고 후에 감리교인이 되었다.

최초의 선교사 알렌이 한국 선교를 위해 가장 먼저 착수한 의료 선교는 의외로 정부와 민중들로부터 좋은 반응을 낳았다. 알렌은 수구파와 개혁파의 암투 때문에 발생한 갑신정변 때 중상을 입은 민영익을 치료함으로써 고종을 비롯한 정부 측의 신임을 얻었다.

장안의 명의라는 14명의 한의사들이 중상을 입은 민영익의 쏟아져 나오는 피를 멈추게 할 수 없었다. 민영익이 거의 죽게 되었을 때 묄렌도르프의 주선으로 알렌이 3개월 동안 온갖 정성을 다해 완쾌시켰다. 그 후에도 알렌은 많은 부상자를 온 힘을 다해 치료했다.

날마다 늘어가는 환자들을 집에서 치료하는 데는 어려움이 많았으므로 미국 대사 폴크^{Foulk}에게 병원을 세울 계획을 말했고, 그의 주선으로 조선 정부는 1885년 2월에 설립 허가를 내주었다. 또한 갑신정변 때 살해당한 홍영식의 집을 사용하도록 해주고 이름도 광혜원廣惠院이라 지어주었다. 1885년 4월 광혜원이 개설되었고 이것은 곧 제중원으로 바뀌었다. 이 병원은 한국 선교를 위한 전초 기지가 되었다. 알렌은 공관으로 자리를 옮기면서 선교사직을 사임한 후 아비슨$^{O. R. Avison}$이 제중원을 운영했다. 제중원은 후에 세브란스$^{L. H. Severance}$의 기부금을 받아 새로 건물을 짓고 병원을 남대문으로 옮기면서 오늘날의 세브란스 병원으로 발전했다.

병원은 한국인을 복음화하기 위한 도구였다. 의료 사업은 기독교에 대해 개방적인 분위기를 만들었으며 종래 기독교에 대해 갖고 있던 선입관이 많이 해소되었고, 기독교에 대해 배타적인 분위기도 사라졌다. 1887년에 알렌은 의료 선교에서 은퇴하여 워싱턴 주재 한국 공사관 서기가 되었다가 1889년 다시 선교 사업을 시작하여 병원 경영의 책임을 맡았다. 1895년 8월에는 미국 공사관 관리가 되었다. 1885년 명성황후 시해 사건이 터졌다. 알렌은 명성황후 시해의 음모가 일본 공사관에서 진행된 점을 워싱턴에 계속 보고하고 일본의 만행을 규탄하기도 했다. 알렌 박사는 1905년 한국을 떠났다.

56 누가 성경을 영어로 번역했나?

■ "복음은 기쁘고 즐거운 소식이다. 이 소식은 사람의 마음에 즐거움을 주고 찬송을 부르게 하며 기쁨으로 춤추며 뛰게 한다." ─ 윌리엄 틴데일 William Tyndale

틴데일은 신약성서의 영어판 번역에 기여한 인물이다. 그는 옥스퍼드의 모드린 홀에서 교육을 받았고 후에 케임브리지로 옮긴 것 같다. 당시에 그는 존 월쉬 경 가족의 가정교사를 지냈다. 그 집에 사는 동안 그는 지방 성직자가 무지하다는 것을 직접 체험했다. 틴데일은 한 성직자에게 말하기를, "하나님께서 나의 생명을 더 허락하신다면, 머지않아 밭을 가는 소년이 그대보다 더 많이 성경을 알도록 만들 것입니다"라고 했다. 이것이 바로 그의 전 생애의 일이 되었다.

당시에 교회 지도자(주교)들은 1408년 이래로 영어 성서를 금했는데 이는 『위클리프 성경』을 가지고 있던 롤러드파(Lollard派, 위클리프의 추종자)를 두려워했기 때문이다. 『위클리프 성경』은 라틴어 역(벌게이트 역, Vulgate)을 이용하여 번역되었기 때문에 정확하지 못했다. 그래서 틴데일은 히브리어와 헬라어 성경을 근거로 번역에 착수했다. 그는 그 과정에서 고위 성직자들의 방해를 받기도 했으나 런던의 여러 상인들, 특히 험프리 먼마우스의 도움을 받았다. 영국은 성경을 번역하기에 안전한 장소가 아니었기 때문에 틴데일은 유럽으로 가서 다시는 돌아오지 않았다. 1525년 초에 그는 신약성경을 인쇄할 준비를 했다. 그는 쾰른에서 거의 체포될 뻔했으나 도망쳤다. 같은 해에 그의 성경은 보름스에서 출간되었다.

틴데일의 번역본은 큰 영향을 끼쳤다. 이로써 그는 '영어 성경의 아버지'라고 불리게 되었다. 어떤 의미에서 금세기까지의 모든 영어판 신약성경은 틴데일 성경의 개정판이라고 말할 수 있을 것이다. 그가 쓴 단어 중 90퍼센트 정도가 흠정역(KJV)에서 사용되었고, 75퍼센트 정도가 개정표준역(RSV)에서 사용되었다.

브뤼셀에서 밀고를 당해 붙잡힌 틴데일은 1535년 빌보르드 성에 수감되어 있었다. 그는 그 성의 성주(城主) 앞으로 편지를 보냈다. 그 서신은 현재 남아 있는 틴데일의 유일한 친필 기록이다.

각하, 각하께서는 제가 처한 현재까지의 상황에 대해 알고 계실 것입니다. 그러므로 제가 주 예수님의 이름으로 각하께 간청하오니, 제가 여기서 겨울을 보내게 된다면 중개인으로 하여금 현재 그가 가지고 있는 제 물품들을 이곳으로 보내도록 선처해주십시오. 우선 따뜻한 모자가 필요합니다. 제가 극심한 추위로 머리에 심한 병을 앓고 있고 계속되는 감기로 고통당하고 있기 때문입니다. 여기 감방에서 그 증세가 매우 악화되었습니다. 따뜻한 겉옷도 필요합니다. 또한 제가 바라는 것은 저녁에 초가 있었으면 하는 것입니다. 사실 어둠 속에 혼자 앉아 있기가 너무나 지루합니다. 그리고 무엇보다도 제가 각하께 간청하옵는 것이 있습니다. 그것은 각하의 온정의 손길로 그 중개인에게 명하셔서 저의 히브리어 성경과 히브리어 문법책, 그리고 히브리어 사전을 제가 가질 수 있도록 친절을 베풀어주시길 간곡히 구하는 바입니다. 저의 시간을 연구하며 보내기 위함입니다. 그리고 답례로 각하의 가장 소중한 바람이 이루어지길 기도하며, 그 소원이 항상 각하의 영혼의 구원이 되기를 기원합니다. 겨울이 오기 전에 제게 어떤 다른 결정이 내려진다 할지라도 저는 인내하며 내 주 예수 그리스도의 은혜의 영광에 이르기까지 하나님의 뜻 안에 거할 것입니다. 하나님의 영이 늘 각하의 마음을 인도하시길 기도합니다. 아멘.

1536년 10월 6일 틴데일은 하나님 말씀에 대한 그의 사랑 때문에 순교했다. 그가 마지막으로 한 말은 "주여 영국 왕의 눈을 열어주소서"였다고 한다.

57
그때 소래에서는 무슨 일이 있었나?

■ 　한국 개신교의 초기 역사에서 가장 유명한 교회 가운데 하나가 황해도 장연의 소래교회다. 이 교회는 의주 출신으로 이곳에서 농사를 짓던 서경조가 세웠다. 잘 알려진 대로 서경조는 한국 최초의 권서인勸書人 서상륜의 동생이다. 1884년 봄, 서경조는 형으로부터 한성으로 올라오라는 전갈을 받고, 상경하여 『신약전서』와 『덕혜입문』이라는 기독교 서적을 받아가지고 돌아왔다.

　서경조는 신약성서를 읽어가는 동안에 복음의 진수를 깨닫게 되었다. 하지만 그는 천주교를 믿다가 죽임을 당한 사람들의 모습이 떠올라 심한 갈등을 했다. 그러나 로마서를 읽으면서 성령의 능력으로 죽음에 대한 두려움을 이길 수 있으리라고 생각하여 결국 믿기로 작정했다. 이것은 1884년 가을로 약 6개월의 긴 고민 끝에 내린 결론이었다. 그 후 서경조는 소래 지역을 중심으로 열심히 전도하여 1885년 초에는 20명이 넘는 구도자를 만들었다. 소재 지역의 기독교 신앙은 1885년 3월 이후 서상륜이 이곳에 정착함으로써 더욱 깊이 뿌리를 내렸다.

이렇게 이들의 신앙이 성장하자 자연히 세례 문제가 제기되었고, 1886년 서상륜은 당시 한국에 선교사로 나와 있던 언더우드를 찾아가서 소래에 와서 세례를 베풀어줄 것을 요청했다. 하지만 언더우드가 소래에 내려갈 수 없게 되자, 서상륜은 4명의 세례 지원자를 데리고 와서 언더우드에게 세례를 베풀어달라고 요청하고 선교사들은 이들에게 엄격한 세례문답을 했다. 문답자들은 "하나님이 우리를 구원해주셨으니 임금이 우리를 처형한다고 해도 괜찮습니다"라고 말했다. 그래서 언더우드는 이들에게 세례를 베풀었다. 1887년 1월 13일(주일)로 한국 땅에서 베푼 두 번째 세례식이었다. 이 세례자들 가운데 한 사람이 바로 서경조다.

언더우드는 그 후 여러 차례 소래교회를 방문하여 세례를 베풀었다. 많은 선교사가 이곳에 와서 조선의 신앙을 보게 되었다. 서경조는 그 뒤 1898년에 장로로 장립되고, 1907년에는 평양신학교를 졸업했다. 그는 다른 7명의 동기생들과 함께 한국 최초의 장로교 목사가 되었다.

어려서부터 외롭게 살아온 서경조, 그러나 불굴의 의지로 일어나 주님을 위해 삶을 헌신했을 때 주님은 결코 그를 외면하지 않으셨다. 하나님께서는 그를 귀하게 쓰시기 위해 평양신학교 제1회 졸업의 영예를 안겨주셨다.

58
왜 모세는 CEO인가?

■   모세 이야기는 많은 이들에게 영감의 원천이 되어왔다. 모세 이야기의 도덕적 교훈들은 탁월한 통찰력으로 비즈니스와 경영의 세계에 적용되기에 충분하다. 성서의 증언에 따르면 모세는 현대적 의미의 탁월한 지도자요 최고 경영자다. 모세가 오늘 우리에게 주는 통찰은 무엇인가?

첫째로, 모세는 지도자에게 내면적 자질이 중요하다는 사실을 보여준다. 전통적 기준에서 보면 모세에게는 리더로서의 자격이 부족하다. 위대한 지도자는 카리스마가 있고, 웅변력이 있으며, 무엇보다도 사람을 지도하는 데 열성일 것이라고 기대하는 경향이 있는데, 모세는 이런 자질을 하나도 갖추지 못했다. 모세는 말을 더듬었으며, 40년 동안이나 외딴 곳에서 양치기 생활을 했고, 그 직무를 원치 않는 마음이 매우 강했다.

일반적으로 리더십에 관하여 다음과 같은 신화들이 있다. "리더십은 희귀한 능력이다", "리더십은 만들어지는 것이 아니라 타고난다", "리더십은 카리스마가 있어야 한다", "리더는 통제하고, 방향을 지시하고, 자극하고, 조작한다."

『감성의 리더십』의 저자 다니엘 골먼에 의하면, 가장 영향력 있는 지도자들은 모두 '감성지수'가 높다고 한다. 골먼은 감성지수(또는 정서지능)를 다섯 가지 구성 요소로 나눈다. 이는 자기 인식, 자기 규제, 동기부여, 감정이입, 사회성이다.

리더십 전문가에 의하면 믿음, 끈기, 추진력, 자제력 등이 지도자들을 만드는 속성이라고 한다. 모세에게는 이런 자질이 있었다. 그러므로 모세는 리더십의 내면적 자질을 계발하는 것이 중요함을 보여준다.

둘째로, 모세는 언제나 자신들이 이끄는 사람들 한가운데 있었다. 그는 늘 무리의 중심이었으며 상과 벌을 명확히 했다. 그의 확실한 상벌 기준은 광야 생활 중 툭하면 노예 생활로 돌아가겠다고 불평하는 오합지졸들을 통치하는 중요한 기술로 작용했다. 그러면서 모세는 자신과 그들이 공동운명체임을 강조했다. 함께 흥하고 함께 망한다는 믿음을 주면서 자신도 같은 사람이라는 동일성을 강조한 것이다. 세계적인 경영자 아이아코카Lee Iacocca가 자신도 노동자 계급 출신이라는 점을 늘 강조한 것도 같은 맥락이다.

모세는 또 결속과 단결을 중시했다. 위기의 상황에서 조직을 견디게 하는 가장 큰 힘이 결속력이라는 사실을 모세는 알았던 것이다.

모세는 어떤 위기에서도 자신의 조직원들을 포기하지 않았다. 무엇보다도 모세 리더십의 더 큰 매력은 그의 리더십이 '희망의 리더십'이라는 데 있다. 희망이 있었기에 히브리 민족을 이끌 수 있었던 것이다.

셋째로, 모세는 지도자로서의 소명에 순종하여 다루기 힘든 이스라엘 백성들을 잘 인도^{lead}하고 동시에 잘 경영^{manage}했다. 모세는 재능 있는 사람에게 실력을 발휘할 기회를 주었다. 그는 리더십을 공유하고 함께 이끌었다. 또한 진심에서 우러난 헌신을 이끌어냈다. 그는 자발적인 소수의 중요성을 알았다.

『모세의 경영전략$^{Moses\ on\ Management}$』을 쓴 데이비드 배런은 모세가 공의와 자비 사이의 균형을 유지했고, 위기를 새로운 기회로 삼았다고 지적한다. 모세는 참으로 뛰어난 CEO였다. 그는 현대인에게도 지도자로서의 롤 모델이 될 수 있다.

59
한국에서의 첫 개신교 순교자는 누구인가?

■ 로버트 토마스Robert Jermain Thomas는 영국 웨일즈 출신 회중교회 목사로서 런던 선교회에서 청淸에 파송한 인물이다. 그는 프로테스탄트 선교사로 이 땅에서 최초로 순교했다. 그는 1840년 9월 7일 웨일즈의 라드노 주의 한 마을에서 목사의 아들로 태어났다. 아버지의 목회지였던 하노바에서 1856년 고등학교를 마치고, 이어서 런던의 뉴 칼리지에 입학하여 공부했다. 1863년 5월에 신학대학을 졸업한 토마스는 중국 선교사로 자원하여 런던 선교회의 이사들과 면접을 가졌다. 그는 선교 동기를 다음과 같이 밝혔다.

"나는 지난 5년간(1858~1863) 선교사가 될 생각을 해왔다. 이런 확고한 결단을 내리게 된 것은 뉴 칼리지에 선교사들이 찾아와 저녁을 함께 보내면서 환담을 할 때였다. 나의 결정을 끌고 간 동기는 이렇다. 곧 훌륭한 교육을 받고 강직한 성품을 가지고 있으며 외국어를 쉽게 습득할 수 있는 자가 선교 사업에 요구된다고 생각했다. 이에 적합한 나는 선교지에서 내 인생을 바치기로 했다. 지난 3년간 열성을 다해 기도하면서 선교사가 되기로 결심했으며, 이교도들을 개심케 해야 한다고 믿었다. 나는 하나님께서 나를 선교사로 부르셨다고 확신한다."

토마스는 또한 선교사의 자질에 대해 다음과 같이 답했다.

"선교사는 사려 깊고, 자기희생적이며, 무한한 인내력을 갖추어야 한다. 더구나 그는 이교에 관하여 어리석고도 배우지 못한 질문을 해서는 안 되며, 교회에서나 거리에서는 소박한 복음을 전하며, 매사를 조심하고, 시련을 끝까지 참으면서 전도자의 본분을 다해야 한다."

그는 1863년 상하이에 도착했으나, 다음 해 3월 24일 부인이 유산 때문에 갑자기 세상을 떠났다. 이 불행은 그의 마음 가운데 격동과 불안을 가져다주었다. 그가 이국에서 처음으로 런던에 보낸 편지에는 다음과 같이 그의 비통한 마음이 드러나 있다.

"내가 영국을 떠나와 처음 쓴 편지에 내 운명을 흘기는 비보를 알려야 하게 되리라고는 조금도 생각하지 못했습니다. 나의 사랑하는 아내가 지난달 24일에 세상을 떠났습니다. 이 일로 나는 뼈마디에 힘을 잃게 되었습니다. 아내는 자신이 알던 미국 선교사 부인이 세상을 떠나자 충격을 받고, 20일에 유산했습니다. 내 가슴은 깨져 고통이 큽니다. 나는 어디든 가서 완전한 변화를 찾지 않으면 안 되겠습니다. 더 이상 써 내려갈 수가 없습니다. 하나하나 써 내려가려니 슬픔이 복받쳐 올라옵니다. 전보다 더 열심히 고귀한 선교 사업에 정진하겠습니다. 그러나 지금은 비탄에 잠겨 일어날 기력이 없어졌습니다"
(1864년 4월 5일자 편지, 리빙스톤 하우스 도서관 소장).

후에 조선 선교에 뜻을 둔 토마스는 런던 선교회 총무에게 보낸 보고서에서 다음과 같이 말했다.

"나는 조선 천주교인의 도움으로 그 불쌍한 백성들에게 복음의 가장 귀중한 진리 중 얼마를 가르치기에 넉넉한 조선말을 배워 알고 있었습니다."

토마스 선교사는 "사람 있는 곳에 선교 있다"는 선교의 이념을 가지고 있었다. 또한 그의 선교 동기는 순수했다. 대동강에서 흘린 토마스 목사의 순교의 피가 한반도에 복음의 싹을 내는 데 기여했다는 사실은 누구도 부인할 수 없다. 한국 교회에서 토마스의 이름이 잊힐 날은 없을 것이다. 그는 '한국에서의 첫 개신교 순교자'로 불린다.

60
어떻게 깡패 김익두가 한국의 무디가 되었나?

■ 김익두는 1874년 1월 3일 황해도 안악군 대원면 평촌리에서 농부인 김응선의 독자로 태어났다. 그는 17세에 과거를 보고 낙방한 후 상업을 시작했으나 실패했다. 그는 악명 높은 불량아가 되었고 안악군 일대에 그를 모르는 사람이 없었다.

1900년 어느 날 김익두는 스왈론 선교사(한국명: 소안련)가 인도하는 집회에 몰래 참가했다가 설교를 듣고 마음에 크게 찔림이 있어서 기독교 신자가 되기로 결심했다. 그는 세례를 받을 때까지 언행을 삼가면서 성경을 수십 번 읽었고, 1901년 1월 마지막 주일에 소안련 목사에게 세례를 받았다.

1910년 평양신학교를 졸업하고, 목사가 된 그는 불같은 성령의 임재, 기적의 신유를 가져오는 부흥 목사로 부각되었다. 그의 설교의 주제는 그리스도의 십자가와 보혈, 부활, 천국 등이었고, 미신과 불신앙과 무당 등 비복음적인 요소들을 과감히 지적했다.

그가 사경회査經會를 인도한다고 하면 수십 리 밖에서도 사람들이 몰려와서 인산인해를 이루었고, 교회 안은 비좁아 밖에 평상을 내어놓고 그 위에 올라서서 설교를 했다. 그의 설교를 통해서 주기철 목사가 은혜를 받았으며 이성봉 목사가 그의 부흥운동의 후계자가 되었다. 김익두 목사는 770여 회의 부흥회를 인도했고 150여 개의 교회당을 건축했고, 2만 8000여 번 설교를 했다. 김 목사의 설교는 대개 가난하고 병마에 시달린 소외계층에게 환영받았다.

김 목사는 설교 〈좁은 문으로 돌아가라〉(마 7:13~14)에서 다음과 같이 외쳤다.

"교회 안에는 권리가 없습니다. 세상의 부가 없습니다. 세상의 영화가 없습니다. 그러므로 교회에 들어오는 길은 너무 좁습니다. 교회에 들어오면 담배와 술을 먹을 수 없고 첩을 두지 못하니 그 길이 좁습니다. 영원히 사는 길은 교회의 좁은 문을 통과하고서야 이루어집니다. 교회를 통과하는 길은 좁은 길입니다."

김익두 목사는 그의 설교를 통하여 슬픔과 고난 가운데 있던 이 민족에게 구원의 소망과 위로를 주었다. 그는 '한국의 무디Moody'였다.

61 누가 구세군을 창설했나?

■　『웨스트민스터 교회사 사전』에 의하면, 구세군^{Salvation Army}은 윌리엄 부스^{William Booth}가 1865년 런던에서 조직한 국제적인 복음전도 기관이요 사회적 기관이다. 프란체스코 수도회가 프란체스코를 빼고서는 이해할 수 없는 것처럼, 그리고 가톨릭의 예수회가 이그나시우스 없이는 이해될 수 없는 것처럼 구세군은 그 창시자를 빼고서는 도저히 이해할 수 없다. 구세군의 정신은 그 창시자의 인격과 생활로부터 반영되고 있다.

　윌리엄 부스는 1829년 4월 10일, 사무엘 부스와 그의 두 번째 부인인 젊은 메리 모스^{Mary Moss}의 사이에서 5형제 중 셋째로 태어났다. 부친 사무엘은 본래 유복한 생활을 했지만 그가 태어날 당시에는 생활이 상당히 옹색했다. 그러나 사무엘은 가능한 범위 안에서 가장 좋은 지방 학교에 그의 아들(윌리엄)을 보냈다.

윌리엄은 교회나 주일학교에 다니기는 했지만 효과적인 신앙 훈련을 받지 못하고 성장했다. 그 당시 교회와 주일학교에 다니는 일은 보편적인 일이었다. 그가 13세 되었을 때 아버지가 파산하자, 그는 학교를 그만두고 전당포의 사환이 되었다. 소년 윌리엄에게 있어서 이 체험은 삶의 방향을 결정하는 데 중요한 경험이 되었다.

윌리엄은 본래 성공회 신자였으나 15세에 감리교도가 되었다. 그는 전당포에서 수련 기간이 끝나고 노팅검에서 적당한 일자리를 찾지 못해 1849년 런던으로 갔다. 그는 가난한 사람들과 런던에 거주하면서 교회에 나가지 않는 사람들을 위해 일해야 되겠다는 소명감을 느꼈다. 부스가 전도를 하기 시작하자 많은 사람이 그의 설교를 들으려고 모여들었다.

콘월 지방에서 18개월 동안 대전도대회를 열었을 때는 7만 명가량이 예수를 믿기로 작정했다. 이 조직은 동부 런던 부흥회, 동부 런던 그리스도 선교회 혹은 그리스도교 선교회 등으로 불리다가 결국은 '구세군'이라는 군대식 이름으로 하고 1880년 복장과 조직도 군대식으로 하여 오늘날의 구세군이 결성되었다. 조직은 급속히 성장했다. 1878년의 100명 남짓한 장교가, 부스가 죽은 1912년에는 1만 6000명으로 늘었다.

이 구세군의 정치는 처음부터 모교회인 감리교회의 정치와 같은 점이 많았다. 구세군의 일정한 단위 곧 구역을 가지고 있으며, 세계 각국에서 그 신도 수가 늘어가고 있는 중이다. 그 본부는 런던에 있다.

윌리엄 부스가 만났던 세계적인 지도자의 명단은 거의 믿어지지 않을 정도다. 에드워드 7세와 그의 왕비, 스칸디나비아 왕실, 윈스턴 처칠 그리고 캔터베리 대주교 등은 그를 존경한 사람들이다. 1912년 그가 죽었을 때 그의 장례는 시민장으로 거행되었으며 세계 곳곳에서 그의 죽음을 애도했다.

부스는 고통 받는 광경을 참지 못하는 상당히 다정다감한 사람이었다. 그는 사회의 빈민층에 눈을 돌렸고 그들에 대한 그의 사랑은 그리스도의 사랑의 재현이었다. 그는 전 생애 속에서 개인 구원을 가로막는 죄악과 전쟁을 치렀다. 그는 사회의 무지와 자신의 부끄러움 때문에 자존심을 잃어버린 사람을 변화시키고 싶어 했다. 그는 이러한 사람들의 필요에 관심을 두었다.

"우리는 예부터 이야기되어온 구원을 믿는다. 우리는 성경 속에 나오는 그 구원을 믿는다. 그것은 루터와 웨슬리와 횟필드가 설교하고 예수님의 고통과 죽음과 피로 말미암아 얻은 구원이다." ―윌리엄 부스

62 어떻게 하나님의 뜻을 알 수 있는가?

■　　우리는 올바른 행동을 하기를 원한다. 우리가 선택하는 결정이 결국은 역으로 우리 자신을 형성하기 때문이다. 많은 그리스도인들이 하나님의 뜻을 안다는 것은 매우 어려운 일이라고 생각한다. 많은 그리스도인들이 행동 결정에 있어서 좌절을 경험한다. 일부는 인생에서 중요한 결정 과정을 싫어하고 더 나아가서는 두려워한다. 일반적으로 하나님의 뜻은 세 가지 의미로 사용된다. 하나님의 주권적인 뜻은 우주 안에 일어나고 있는 모든 일을 향한 하나님의 작정된 계획이다. 하나님의 도덕적인 뜻은 인간이 어떻게 믿고 살아야만 하는가를 가르쳐주는 성경에 계시된 하나님의 도덕적 명령이다. 이것은 하나님의 일반적인 뜻이다. 하나님의 개인적인 뜻은 각 개인에게만 독특하게 적용되는 하나님의 이상적이고 상세한 삶의 계획이다.

나는 하나님의 뜻을 알 수 있는가? 하나님께서는 개인적인 뜻을 가지고 계시는가? 초대교회 역사 30년 동안 직접적이고 개인적인 하나님의 인도하심을 받은 실례는 기껏해야 15~20번에 지나지 않는다. 직접적인 인도의 사례는 바울의 경우를 보더라도 법칙의 예외임이 분명히 드러난다. 특정한 결정을 위한 하나님의 직접적이고 초자연적인 인도하심은 법칙의 예외였다. 하나님의 직접적인 인도하심은 세계 복음화의 드라마에 있어서 전략적인 역할을 담당했던 사람들에게 주어졌다. 또한 하나님의 직접적인 인도하심은 교회 형성기의 결정적인 순간에만 주어졌다.

잠언 3장 5절과 6절은 하나님의 뜻을 논의할 때 가장 많이 인용되는 구절이다. "그리하면 네 길을 지도하시리라$^{\text{and He shall direct thy paths,}}$ ^{KJV}." 문제는 본문의 '길^{path}'이 하나님의 개인적인 뜻이라는 개념을 가지고 있지 않다는 점이다. 히브리 성경 기자들은 이 단어를 삶의 일반적인 행로나 운명을 가리키는 의미로 사용하고 있다.

골로새서 1장 9절 말씀을 보자. "이로써 우리도 듣던 날부터 너희를 위하여 기도하기를 그치지 아니하고 구하노니 너희로 하여금 모든 신령한 지혜와 총명에 하나님의 뜻을 아는 것으로 채우게 하시고."

문맥을 살펴보면 본문의 '하나님의 뜻'은 하나님의 도덕적인 뜻을 의미한다.

성경은 인생길을 위한 세밀한 지도를 보여주지 않는다. 단지 인생 행로를 위한 나침반으로 제시될 뿐이다. 성경은 우리에게 대부분의 삶의 선택을 향한 하나님의 뜻을 찾아내라고 명령하고 있지 않다. 성경은 중요한 삶의 선택과 행동 결정을 위한 원리를 제시해준다. 따라서 우리는 "어떻게 현명한 선택을 할 수 있을까?"라는 문제를 가지고 더 고민해야 한다.

우리에게 필요한 지혜는 주어진 상황 안에서 영적으로 적합한 것이 무엇인지를 알아내는 것이다. 우리는 그 지혜를 어디서 얻을 수 있는가?

하나님께 지혜를 구하라.
성경 본문에서 지혜를 구하라.
외적 조사를 통해 지혜를 구하라.
지혜로운 조언자를 통해 지혜를 구하라.
삶 자체를 통해 지혜를 구하라.

63
강화 홍의교회 교인들은 왜 개명했나?

■ 1892년 미 감리회 존스$^{G. H. Jones}$ 선교사에 의해 이승환이 강화 최초의 세례교인이 되고, 양반 김상임의 개종으로 강화 지역 복음화의 발판이 마련되었다. 한편 김상임의 개종을 못마땅하게 여긴 홍의마을 서당 훈장 박능일이 그에게 따지러 갔다가 복음을 받아들이게 되었는데, 이후 박능일은 서당을 학교로 바꿔 새로운 서양식 교육을 펼쳤으며, 선교사의 도움 없이 1896년 서당 학생 20명과 종순일, 권신일과 함께 토담집 형식의 예배당을 건축했다. 그리고 불과 1년 만에 교인 수가 80명이 넘게 되었다.

당시 홍의마을에는 7명의 초대 교인이 있었다. 이들은 '우리는 믿음 안에서 하나다', '우리는 믿음의 첫 열매들이다'라는 뜻에서 가문의 전통을 버리고 한국의 고유문화 양식을 따라 이름의 돌림자를 한 일⁻ 자로 개명했다. 성경에서 좋은 의미로 사용된 능能, 신信, 경儆, 봉奉, 순純, 천天, 광光 자를 적은 종이를 자루에 넣고 제비뽑기를 하여 이름의 가운데 글자를 삼았다. 이로써 박능일, 권신일, 종순일 등 홍의교회의 초기 신자 7명은 모두 새 이름을 갖게 되었다. 대대로 내려오던 양반과 상놈, 족보와 촌수를 초월하여 개명한 것은 믿지 않는 사람들에게 놀라운 충격이었다. 또한 하나님 앞에서 죄인이라는 의미로 검은색 옷을 입고 다녔는데, 믿지 않는 이들은 이들을 '검정개'라고 부르며 비웃고 조롱했다.

또한 홍의교인들은 성경 말씀을 적극적으로 실천했다. 종순일은 마태복음 18장 23절에서 35절 말씀을 읽고, 모든 채무자들을 집으로 불러 모아 성경을 읽어준 후 빚 문서를 꺼내 불사르며 "여러분이 내게 진 빚은 없습니다"라고 했다. 그날 빚을 탕감 받은 이들이 교인이 된 것은 어쩌면 당연한 일이었다(1900년 『대한그리스도인회보』 게재). 그뿐 아니라 종순일은 마태복음 19장 16에서 22절 말씀을 따라 전 재산을 처분하여 교회에 헌납한 후 부인과 함께 강화 남쪽 길상을 시작으로 석모도, 주문도 영종도 등의 외딴섬을 다니며 전도했다.

권신일도 박능일이 1899년 제물포교회의 교사로 나간 후 홍의교회를 지키다가 김경일에게 교회를 맡기고 교동도와 서해의 섬 일대에 자원해 들어갔다. 그의 조카 권혜일은 강화에 인접한 섬을 돌며 복음을 전했으며 권신일 목사를 도와 교동도에 교동읍교회를 세웠다. 또 박능일은 1900년 강화읍교회를 세워 홍의교회처럼 강화의 다른 지역에 복음을 전파했다. 이들의 전도 열정과 성령의 도우심으로 강화 선교 10년 만에 강화 전 지역에 걸쳐 교회가 세워지는 괄목할 만한 복음의 역사가 이루어졌다.

    이처럼 1893년 교항교회(현 교산교회)에서 발원한 복음의 물줄기는 홍의교회(1896년)를 거쳐 강하게 소용돌이치며 강화 전 지역으로 퍼져나갔다. 홍의교회는 교산교회에서 받은 복음의 씨앗을 몇십 배의 열매로 확대 재생산했다. 기독교를 우리 것으로 토착화했을 뿐만 아니라, 선교의 전초기지로 사도행전의 안디옥교회와 같은 역할을 담당한 것이다.

64 기독교와 불교의 차이는 무엇인가?

■　영국의 소설가요 평론가인 길버트 K. 체스터턴Gilbert K. Chesterton은 그의 명저 『오소독시Orthodoxy』에서 기독교와 불교에 관하여 범상치 않은 통찰을 보여주었다. 그는 그리스도교와 불교의 패러다임 또는 중심 원리 가운데 하나를 이렇게 정리했다.

"불교는 구심적이지만 그리스도교는 원심적이다. 그리스도교는 원을 부수고 밖으로 나간다. 원은 그 본질 내에서는 완벽하고 무한하지만 그 크기 내에서는 영원히 고정되어 결코 더 커지거나 작아질 수 없기 때문이다. 그래서 십자가다. 십자가는 비록 그 중심에 하나의 충돌과 모순을 가지고 있긴 하지만, 네 개의 가지를 향해 끝없이 뻗어나갈 수 있다. 오히려 중심에 하나의 역설을 지니고 있기에 모습을 변형시키지 않고도 성장할 수 있는 것이다. 원은 그 자체의 자리로 되돌아오며 갇혀 있는 반면, 십자가는 그 가지가 사방으로 열려 있다. 그것은 자유로운 여행자들을 위한 이정표다."

그에 따르면 불교 신자는 특별히 집중된 시선으로 내부를 향하고 있는 반면, 그리스도교 신자는 극도로 집중된 시선으로 외부를 노려보고 있다.

동국대학교 교수 윤호진은 「불교인이 본 기독교」라는 글에서 이렇게 말한다.

"기독교와 불교의 올바른 대화를 위해서 가장 먼저 해야 할 일은 두 종교 간에 넘을 수 있는 벽과 그럴 수 없는 벽을 서로가 확실하게 아는 일일 것이다. 기독교에서는 너무나 당연하게 생각되는 사실일지라도 불교에서는 이해할 수 없고 받아들일 수 없는 일이 된다는 것을 우리는 알아야 할 것이다. 예를 들면 기독교인들에게 신神의 존재는 당연한 것이겠지만, 불교인들은 교리적으로 절대자神의 존재를 받아들일 수 없는 것이다. 불교인들에게 신에 대해 아무리 설명해주어도 기독교인들이 이해하고 있는 그와 같은 신의 개념에는 도달시킬 수 없을 것이다. 기독교인들에게 불교도 역시 마찬가지일 것이다."

불교의 우주관에 의하면, 우리가 살고 있는 세계, 즉 지구는 우주의 중심도 아닐 뿐 아니라 셀 수도 없이 무수하게 존재하고 있는 세계 가운데 하나라고 생각한다. 인간은 다른 존재들과 동등한 자격으로 이 우주적인 흐름 속에서 생生과 멸滅을 되풀이하며 존재하고 있다고 본다. 이와 같은 우주관을 가지고 있는 불교인들에게 구약에서 말하고 있는 창조의 이야기가 과연 어떤 의미를 가질 수 있겠는가. 불교인들은 기독교인들이 생각하는 것과는 완전히 다른 세계에서 살고 있다고 해야 할 것이다.

　기독교와 불교의 차이는 무엇인가? 그 차이는 헤아릴 수 없이 많다. 신관, 인간관, 구원관이 다르다. 한마디로 세계관의 패러다임이 근본적으로 다르다. 두 종교 간의 거리만큼 양자의 대화는 쉽지 않아 보인다. 대화 자체를 거부하는 이도 있겠지만.

65
아홉 가지 영성이란 무엇인가?

■ 어떤 그리스도인들은 별로 힘들지 않게 몇 시간이고 묵상 기도를 한다. 그들 옆에만 있어도 나도 저랬으면 하는 부러운 생각이 든다. 하나님의 사랑을 현실적 방식으로 표현하거나 사회적 정의를 위해 분연히 일어서는 사람들도 있다. 나는 왜 그들과 다른가? 그 이유는 우리 각자에 대한 하나님의 설계가 다르기 때문이다.

게리 토마스는 『영성에도 색깔이 있다』라는 저서에서 아홉 가지 영성을 소개한다.

자연주의 영성을 가진 사람은 일단 건물 밖으로 나가 강가에서 하나님께 기도하는 것을 더 좋아한다. 그들을 대할 때는 책을 덮어야 한다. 그저 숲 속이나 산이나 너른 들판을 함께 걸으면 된다.

감각주의 영성을 가진 사람은 오감으로 하나님을 사랑한다. 감각주의자들은 하나님의 위엄과 아름다움과 광휘에 푹 잠기기를 원한다. 그들은 예배 의식과 엄숙하고 장엄한 것에 특히 끌린다. 이런 그리스도인들은 예배드릴 때 시각적 장치와 소리와 냄새에 가득 젖어 들기 원한다.

전통주의 영성을 가진 사람은 의식과 상징으로 하나님을 사랑한다. 전통주의자들은 흔히 신앙의 역사적 차원에 속하는 것들, 즉 의식, 상징, 성례, 제사 등에서 양분을 얻는다. 이런 그리스도인들은 규칙적 예배 참석, 십일조, 주일 성수 등을 좋아한다.

금욕주의 영성을 가진 사람은 고독과 단순성으로 하나님을 사랑한다. 그는 혼자 남아 기도하는 것밖에 바라는 것이 없다. 그들을 대할 때는 혼자 단순성 속에 기도하게 하라.

행동주의 영성을 가진 사람은 사회적 참여로 하나님을 사랑한다. 행동주의자들은 정의의 하나님을 섬긴다. 그들이 정의하는 예배란 악에 맞서 죄인들에게 회개를 촉구하는 것이다. 이런 그리스도인들은 흔히 교회를 다시 세상에 나가 불의와 일전을 벌이기 위한 재충전의 장소로 본다.

박애주의 영성을 가진 사람은 이웃 사랑으로 하나님을 사랑한다. 박애주의자들은 남을 섬김으로 하나님을 섬긴다. 그들은 가난하고 초라한 이들 속에서 그리스도를 본다고 고백하곤 한다. 보통 사람들은 남을 돌보는 일이 피곤할 수 있지만 박애주의자에게는 오히려 재충전이 된다.

열정주의 영성을 가진 사람은 신비와 축제로 하나님을 사랑한다. 열정주의자들의 영적 혈액은 예배의 흥분과 신비다. 감각주의자들이 아름다움에 에워싸이기 원하고 지성주의자들이 개념을 붙들고 씨름하기 원하듯 열정주의자들은 즐거운 축제에 감격한다. 이런 그리스도인들은 하나님과 그리스도인의 삶의 응원단장들이다.

묵상주의 영성을 가진 사람은 사모함으로 하나님을 사랑한다. 묵상주의자들은 하나님을 연인으로 지칭한다. '거룩한 낭만'으로 들어서는 아가서야말로 그들이 제일 좋아하는 성경 본문일 수 있다. 이런 그리스도인들은 세상에서 가장 순결하고 가장 깊고 가장 밝은 사랑으로 하나님을 사랑하고자 한다.

끝으로 지성주의 영성을 가진 사람은 생각(지성, mind)으로 하나님을 사랑한다. 지성주의자는 회의론자일 수도 있고 헌신된 신자일 수도 있으나 어느 경우든 칼뱅주의, 유아 세례, 여성 안수, 예정설 따위의 교리를 공부하는 경우가 많다. 그들에게 '신앙'이란 체험 못지않게 이해의 대상이다. 그들은 하나님에 대해 새로운 사실을 깨달을 때 그분이 가장 가깝게 느껴질 수 있다.

게리 토마스에 의하면 온전한 기독교인은 이 아홉 가지 영성을 골고루 소유한 사람이다. 구약의 다윗은 그런 사람에 가까운 신앙인이다. 하나님은 그 자녀들을 기뻐하시며 그들의 다양성을 즐거워하신다. 애초에 우리를 다양하게 지은 분이 아니시던가!

66 13일의 금요일을 나쁜 날로 여기는 이유는 무엇인가?

■ 　　징크스Jinx라는 말이 있다. 일반적으로 이것은 불길하거나 좋지 않은 현상에 대한 인과관계적 믿음을 가리킨다. 때로는 불운을 가져오는 것을 뜻한다. 징크스는 다양한 상황에 적용된다. 심지어 경제활동 속에도 징크스가 있다. 예를 들면 무역업계의 5년 주기 징크스, 코스닥 2년 차 징크스, 10년 주기 징크스 등.

　징크스는 20세기 초반 미국의 야구계에서 사용되기 시작해 널리 퍼진 단어라는 사실은 확실하나, 그 유래에 관해서는 두 가지 설이 있다. 첫째는 딱따구리의 일종인 개미핥기새wryneck를 지칭하는 그리스어 '윤크스Junx'란 작은 새 이름에서 유래했다는 설이다(그 새는 그리스 시대 '흉조'로 여겼다고 함). 둘째는 1868년 윌리엄 린가드William Lingard가 부른 노래로, 기병대 대위 징크스가 훈련만 나가면 불길한 일들이 생긴다는 내용의 〈Captain Jinks of the Horse Marines〉에서 비롯됐다는 설이다.

그런데 첫 번째 설에는 두 가지의 큰 허점이 있다. 첫째 징크스가 20세기 초 미국에서 사용되기 시작했지만 이 새는 북미에서는 볼 수 없는 새라는 점이고, 둘째 그 단어가 일반인들에게는 생소한 학술 용어라는 점이다.

우리나라의 경우 민간의 미신적 속신(俗信) 중에 징크스를 연상케 하는 말들이 있다. 예를 들면 다음과 같은 것들이다.

가게나 방 안에서 우산을 펴면 나쁘다.

개가 지붕 위에 올라가면 재수가 없다.

거울이 깨지면 부부간에 금이 간다.

바가지에 물이 새면 집안의 재물이 밖으로 나간다.

동양적 의미에서 '징크스'는 재수 없는 일과 관련이 있다. 그래서 징크스를 우리말로 옮길 때 '불길한 일', '액(厄)', '재수 없는 일'로 순화해서 쓰기도 한다.

13일의 금요일은 가장 널리 알려진 징크스의 예일 것이다. 13일의 금요일을 피하는 까닭은 무엇일까? 가장 많이 알려진 것이 예수께서 십자가에 못 박혀 돌아가시던 날이 13일의 금요일이었다는 설이다. 또 다른 설로는 템플 기사단이 전부 죽음을 당했는데 그날이 공교롭게도 13일의 금요일이었다고 한다.

미국인 중 2000만 명 이상이 13일의 금요일을 두려워한다는 통계도 있다. 아직도 영국의 해군은 비상사태가 아니면 13일의 금요일에는 군함을 출항시키지 않는다고 한다. 이처럼 불운에 대한 미신 때문에 아직도 많은 사람이 13일의 금요일에 비행기 타는 것을 꺼린다.

소크라테스는 사팔뜨기를 무서워했다고 한다. 나폴레옹은 검은 고양이를 무서워했다. 줄리어스 시저는 꿈을 두려워했다. 표트르 대제는 다리 건너는 것을 병적으로 무서워했다. 새뮤얼 존슨은 건물을 출입할 때 언제나 오른발을 먼저 들여놓았다.

우리는 징크스를 으레 그렇게 될 수밖에 없는 악운으로 여겨야 할까? 징크스에 대한 불안은 행운에 대한 기대감을 반영하는 것이 아닐까? 네잎클로버를 좋아하는 마음처럼.

67
왜 전도는 세일즈가 아닌가?

■   좋은 전도자는 어떤 사람인가? 그는 신앙이나 소망과 같은 가치나 의미, 목적이나 선 또는 아름다움이나 진리, 죽기 전의 삶과 같은 중요하고 심오한 주제에 대하여 좋은 대화를 나눌 수 있는 사람이다. 전도자란 하나님으로부터 주어진 임무와 이웃을 사랑하고 섬기는 열정을 소유하고 있는 사람들이다. 그들은 세상을 바꾸고 싶어 하는 사람이다.

『나는 준비된 전도자』에서 저자 브라이언 맥클라렌은 전도가 하나의 기술이 아니라고 말한다. 전도는 '영적인 친구 사귀기'라고 이름 붙인 '예수 전하기'다. 그는 쟁취하기 위한 전도, 투쟁 같은 전도, 최후통첩 같은 전도, 협박성의 전도, 시험용 전도, 말다툼이 되어버리는 전도, 오락거리 전도, 보여주기 위한 전도, 일인극 전도, 내가 드러나는 전도를 거부한다.

그가 제시하는 전도 방법은 대화함으로써 제자 삼기, 교제함으로써 제자 삼기, 감화시킴으로써 제자 삼기, 초대함으로써 제자 삼기, 도전함으로써 제자 삼기, 기회를 잡음으로써 제자 삼기, 춤과 같은 제자 삼기, 함께 동참하고 함께 배워감으로써 제자 삼기와 같은 새로운 접근법이다.

따라서 좋은 전도 방법이란 선한 행실과 유익한 대화를 통하여 더 나은 삶을 추구하는 것이다. 사람들을 차별하지 않고, 설득하려고 애쓰지도 않으면서도 그들과의 우정을 유지시킨다. 따라서 이런 의미의 전도는 예수 그리스도의 정신과 그분께서 보여주신 모범을 따라 사람들과 대화하는 것이다. 바꾸어 말하면 영적 친구를 사귀는 일이다.

'영적인 친구'는 무엇을 의미하는가? 영적인 친구란 편안하게 영적인 이야기를 나누면서 그 대화를 통해 유익을 얻고 유익을 줄 수 있는 친구를 말한다. 전도자는 세일즈맨이 아니다! 진정한 영적인 친구가 되기 원한다면, 사람들을 관찰하고, 좋아하고, 가까이 하고, 섬겨야 한다.

영적인 친구를 사귀는 것은 다른 사람이 크리스천이 될 수 있도록 다른 사람에게 도움을 주는 역할뿐만 아니라 더 훌륭하고 멋진 크리스천이 될 수 있도록 다른 사람에게 도움을 주고, 자기 자신도 하나님을 이전보다 더욱 사랑할 수 있게 해준다. 영적인 친구의 가장 신나는 역할 중 하나는 격려하고, 도전하고, 방향을 제시해주는 것이다. 때로는 책망하거나 바로잡아주는 역할을 하는 것이다.

우리는 이제 '논쟁으로써의 전도'가 아니라 '대화로써의 전도'로 전환해야 한다. 왜냐하면 전도란 자신의 생각을 다른 사람의 목구멍에 억지로 밀어넣는 것이 아니기 때문이다.

전도는 결코 세일즈가 아니다.

68
왜 나는 친구가 없나?

■ "꿀을 얻고 싶다면 벌통을 걷어차지 마라"라는 말이 있다.

비난은 상대의 고귀한 자부심에 상처를 주고 자존심을 상하게 하며 화를 불러일으키기 때문이다.

"인간의 본성에서 가장 심오한 원칙은 타인에게 인정받고자 하는 갈망이다."

윌리엄 제임스의 말이다. 칭찬을 할 때는 아낌없이 하자. 그러면 사람들이 당신의 말을 마음속에 간직해두고, 아껴가며 평생토록 돌이켜볼 것이다. 당신이 그 말을 잊어버린 후에도 그들은 이를 계속 되뇔 것이다. 인간관계에서 성공의 비결은 상대방의 관점에서 상황을 파악하고 상대방의 각도에서 사물을 볼 수 있는 능력에 달려 있다.

중국 속담에 "웃음이 없는 사람은 장사를 해선 안 된다"라는 말이 있다. 웃음과 미소는 누구에게나 친근하게 다가가는 방법 가운데 하나다. 친구들과 사업 동료들의 이름을 기억하고 귀중히 여기는 일은 앤드류 카네기의 지도력 비결 중 하나였다. 우리는 이름에 담긴 마술을 깨달아야 한다. 그리고 이름만이 우리가 상대하는 사람이 온전히 소유하고 있는 품목임을 알아야 한다. 이름은 개인을 차별화하며, 다른 사람들 틈에서 그 사람을 유일한 존재로 만든다. 상대의 이름을 부르며 접근할 때 우리가 말하는 정보나 요구의 중요성이 몇 배로 늘어난다.

친구를 얻으려면 어떻게 해야 하나? 벤자민 프랭클린은 토론의 천재였다. 그는 모든 토론에서 상대를 이겼다. 그러나 적이 많아지고 친구들이 떨어져 나갔다고 한다. 그 후 그는 자신의 태도를 바꾸었다. 그는 토론에서 반대 의견을 낼 때 직접적인 표현보다는 부드러운 표현을 써서 상대의 기분을 최대한 상하지 않게 하는 전략으로 토론에서 승리했다.

당신의 친구나 배우자 혹은 적과 논쟁하지 마라. 그들이 틀렸다고 말하지 마라. 또한 사람들의 감정을 선동하지 마라. 그리고 약간의 외교적 수완을 발휘하라. 거듭 강조하는바 "당신이 틀렸어요" 이 말은 절대로 하지 마라.

고 한경직 목사님은 다른 사람의 의견이 자기 의견과 달라도 "당신이 틀렸다"라고 말하지 않았다. 그는 언제나 "그것도 일리가 있습니다"라고 응답했다. 쉽지 않은 대응이다. 이런 덕이 있었기에 그는 많은 사람의 존경과 사랑을 받았다.

69
어릴 때 어떤 것에 가장 흥미를 느꼈는가?

■ 사명은 죽음을 뛰어넘는다는 말이 있다. 사명이란 무엇일까? 죽음을 뛰어넘는 당신의 사명은 무엇인가? 역사적으로 볼 때 위대한 지도자들은 대부분 한 문장으로 요약할 수 있는 사명을 가지고 있다. 링컨 대통령의 사명은 미합중국의 분열을 막는 것이었고, 넬슨 만델라의 사명은 인종차별을 종식시키는 것이었고, 느헤미야의 사명은 예루살렘 성벽을 재건하는 일이었다.

사명선언서는 인생의 좌표라고 할 수 있다. 사명선언서는 인생 항해를 위한 '불변의 기본 틀'이다. 이미 예수님은 2000년 전에 사명선언문을 단 한 문장으로 표현하신 분이다.

"내가 온 것은 영원한 생명을 얻게 하고, 그것을 더 풍성히 얻게 하려는 것이다"(요 10:10).

개인에게 사명선언문은 '갑옷과 칼'의 역할을 동시에 수행한다. 즉 그것은 진실을 보호하고, 거짓은 가차 없이 베어버린다. 그런데 대부분의 사명은 한 번에 불쑥 터져 나오는 것이 아니라 꽃이 피듯 서서히 펼쳐진다. 사명은 혁명적인 동시에 점진적이다. 따라서 상당한 인내와 끈기가 필수적이다.

진실한 사명선언문은 명확하고 고무적이고, 자극적이고, 매력적이다. 왜냐하면 그것은 우리의 특별한 열정, 소질 그리고 재능을 구체적으로 서술해놓은 것이기 때문이다. 꼭 맞는 사명을 찾기 위해서는 자신을 똑바로 아는 것이 필요하다. 누구에게나 꼭 맞는 사명이 있다. 따라서 각자의 장점을 발견해야 한다. 누구에게나 장점이 있다.

우리가 다른 사람과 차별화할 수 있는 고유의 장점을 찾는 데 우선 시작할 수 있는 곳은 어린 시절이다. 그러므로 다음과 같은 질문을 던져보기를 제안한다.

"어릴 때 어떤 것에 가장 흥미를 느꼈는가?", "제일 좋아한 놀이는 무엇이었는가?", "제일 좋아한 장난감은 무엇이었는가?", "어릴 때 특별히 수월하게 할 수 있었던 일들은 무엇인가?", "어릴 때 누군가 당신이 커서 무엇이 될 거라고 말해주었던 일이 있는가?", "어릴 때 가졌던 꿈은 이루어졌는가?"

사명선언서를 만드는 사람은 먼저 지금까지 그가 의식적으로 혹은 잠재적으로 창조한 것을 살펴보아야 한다. 그리고 진정으로 원하는 것이 무엇인지를 자세히 적어보아야 한다. 그런데 사명선언서를 작성할 때 몇 가지 유의할 점이 있다. 우선 그것은 기록으로 남겨져야 한다. 그것은 현재형으로 기록되어야 한다. 그것은 현실에 뿌리를 내리고, 세부사항을 구체화시켜야 한다.

사명선언서를 만들 때, 다음과 같은 질문을 자기 자신에게 해보라. 당신이 가장 부러워하는 삶을 사는 사람은 누구인가? 당신이 가장 하고 싶은 일을 하는 사람은 누구인가? 돈에 신경 쓰지 않아도 된다면 일생 동안 무엇을 하며 지내고 싶은가? 만일 당신이 지금보다 열 배쯤 대담하다면 무엇을 할 것인가? 당신이 미래에 세 가지를 바꾼다면 그것은 각각 무엇인가?

사명과 비전 선언문을 가졌다고 해서 모두 성공하는 것은 아니다. 따라서 우리는 다가올 시련과 그것에 대처하는 법을 미리 알아두어야 한다. 많은 지도자가 겪은 경험을 통해서 우리는 그들이 직면했던 함정과 위험을 살필 수 있다. 따라서 그들이 만들어준 '위험 표지판'을 신중하게 받아들인다면 난관을 잘 극복할 수 있을 것이다.

사람들은 때때로 자신이 무능하다고 느낀다. 작가 황석영 씨도 30대 초에 『장길산』을 쓰기 시작했을 때, 이러한 무력감 때문에 큰 고통을 감수했다고 한다. 위대한 설교자들도 강단에 서기 전, 이런 느낌을 가질 때가 있다. 그러나 이것을 극복하지 못하면 큰 함정에 빠지고 만다. 왜냐하면 이를 극복하지 못하면, 당신은 결코 한 걸음도 내딛을 수 없기 때문이다.

성공한 사람은 한결같이 뚜렷한 사명을 갖고 있었다. 자신만의 확고한 사명을 갖게 되는 그 순간부터 우리는 누구보다 활기차고 보람 있는 삶을 살게 될 것이다.

70

관계 전도란 무엇인가?

■ 　　전도 관련 신앙 서적은 다양하다. 개인 전도를 위한 안내서로부터 교회 단위의 전도 훈련 교재, 그리고 생활 전도를 소개하는 책들이 있다. 또한 전도자의 체험담 중심의 '전도 간증서'도 여러 권 나와 있다.

관계 전도를 본격적으로 처음 다룬 책은 오스카 톰슨 주니어의 『관계중심 전도』일 것이다. 오스카는 사랑보다 중요한 단어는 '관계'라고 말한다. 사랑이 기차라면 관계는 레일rail이기 때문이다. 그 후 레베카 피펏의 『빛으로 소금으로』가 소개되었고, '관계 전도'와 '생활 전도' 그리고 '성품 전도'라는 말도 뿌리를 내렸다.

『포스트모던보이 교회로 돌아오다』의 공동 저자 돈 에버츠와 더그 샤우프는 그리스도인이 삶의 현장에서 증인으로서 어떻게 생각하고 말하고 행동해야 하는지에 대해 안내해준다. 기독교 미래학자 레너드 스윗은 이 책이 "21세기에 출판된 가장 중요한 전도 책"이라고 추천한다.

한 연구 결과에 따르면 한 사람이 비기독교인의 자리에서 헌신적인 신자로 바꾸기까지는 몇 단계를 거친다. 그 영적 여정은 일반적으로 다섯 단계다(물론 예외가 있다). 이 단계는 다섯 개의 문턱으로 이루어져 있다.

첫 번째 문턱은 그리스도인을 신뢰하는 단계다. 즉 '그리스도인에 대한 불신에서 신뢰로' 나아가는 것이다. 친구들이 첫 번째 문턱을 넘도록 돕기 원한다면, 우리는 그들을 위해 우리의 시간을 비워야 한다. 신뢰를 쌓기 위해 자신을 내어주고 얼굴을 맞대고 어울려야 한다. 신뢰를 쌓기 위해 다른 사람들의 세계로 들어가기를 망설이지 말라는 것이다.

두 번째 문턱은 '예수님에 대한 무관심에서 호기심으로' 나아가는 것이다. 그리스도인을 신뢰한 이후에는 완전히 새로운 문턱이 있다. 예수님에 대한 무관심에서 호기심으로 이어지는 문턱이 그것이다. 이는 영적 문제에 대해 무관심에서 호기심으로 옮겨가는 자연스런 과정이다. 여기에는 적절한 질문과 그들의 호기심을 자극할 만한 삶이 뒷받침되어야 한다. 호기심은 하나님이 모든 사람에게 심어주신 욕구다. 물론 하룻밤에 영적 무관심에서 호기심으로 옮겨가는 경우는 거의 없다. 호기심은 시간을 두고 피어난다.

세 번째 문턱은 '삶의 변화에 마음을 여는' 것이다. 변화에 열리기 시작하는 마음은 첫 싹을 틔우려는 작은 씨앗의 노력과 흡사하다.

변화는 아름답지만 동시에 두려운 것이다. 이 세 번째 문턱에서 성령의 역할은 중요하다. 세 번째 문턱에 놓인 사람을 쥐고 흔드는 대적을 이기시는 분은 성령뿐이시다. 다섯 개의 문턱 중에서 가장 극복하기 어려운 문턱이 바로 변화에 진심으로 마음을 열어야 하는 이 단계다.

네 번째 문턱은 하나님을 찾는 단계다. 이 문턱에서 예수님에 대한 방황을 넘어 구도자가 되는 것이다. 구도자는 진지한 목적을 가지고 하나님을 좇기로 결심한 사람이다. 참된 구도자는 탐구한다. 그들은 이해하고 결론에 다다르기를 원한다. 그들은 질문을 얼버무리지 않고 표면적인 질문을 던지지도 않는다. 진실로 명확한 해답을 찾는다.

그리고 다섯 번째 문턱은 길을 찾는 구도자에서 하나님 나라 백성으로 나아가는 단계다. 회개하고 하나님 나라로 들어서는 이 문턱은 굉장히 긴 과정의 일부다. 누군가 다섯 번째 문턱을 넘었다면 그들은 더 이상 길을 잃고 헤매는 사람이 아니다. 하나님이 그들을 찾으셨으니 그들의 영혼은 변화되었고, 그들의 영적 세계 또한 새로운 실재로 접어든 것이다.

믿음으로 향하는 과정은 신비하다. 어떤 복음의 씨앗은 전도자의 부족한 노력에도 불구하고 잘 자라가지만, 어떤 씨앗은 그토록 열심을 다해도 뿌리를 내리지 못하니 이상한 일이다. 전도자는 주어지는 기회에 최선을 다할 뿐이다.

71
왜 작은 결정들이 영적 전투인가?

■ 생명이 있는 모든 것은 성장한다. 신앙도 생명이 자라듯이 성장할 수 있다. 그리고 영적 성장은 과정이다. 때로는 훈련 과정이 필요하다. 게리 토마스는 『뿌리 깊은 영성은 흔들리지 않는다』에서 영성 훈련의 일곱 가지 방법을 제시한다.

첫째, 경건한 책을 읽어야 한다. 윌리엄 로우는 이렇게 말했다. "예수 그리스도를 따르는 거룩한 성도들의 경건을 보여주는 책을 읽는 것은 복음의 정신과 맛을 아는 데 유익하고 필수적인 방법이다. 헌신이 무엇인지 알기 원한다면 헌신한 사람들의 거룩한 생각과 경건한 모습에 관한 글을 자주 읽어야 하지 않겠는가?" 로우는 우리에게 '거룩한 열심이 타오르게' 할 수 있는 고전 작가들을 찾아보라고 요구한다.

둘째, 훌륭한 본보기들을 본받아야 한다. 성숙의 과정에서 우리는 훌륭하고 긍정적인 본보기를 찾아 그들에게서 배워야 한다. 우리는 삶 속에서 그리스도의 특별한 임재presence를 경험하는 사람들을 만나면 그들에게 많은 것을 배울 수 있다.

셋째, 덕목을 길러야 한다. 덕은 우연히 주어지는 것이 아니다. 덕은 우리의 의식적인 노력을 요구한다. 영적 훈련은 우리가 변할 수 있다는 것을 전제로 한다. 성령의 역사를 통해 게으른 사람은 부지런하게 되고, 이기적인 사람은 사랑하는 법을 배우며, 잔인한 사람은 온유한 법을 배울 수 있다.

넷째, 불편함을 활용해야 한다. 어떤 것이든 간에 불편함이라면 꺼리는 우리의 태도를 극복해야 한다. 죄악에 물든 인간으로서, 우리는 자연히 쉽고 편리하며 자기중심적으로 기우는 경향이 있다. 우리는 편안한 길을 택하지 않고 훈련함으로써 우리의 열정과 습관을 형성해야 한다. 우리가 시간을 어떻게 보내며 무엇을 먹을 것인가에 관해 내리는 작은 결정들은 우리의 인격을 형성해가는 영적 전투들이다.

다섯째, 진리를 몸에 적용해야 한다. 몸을 등한시하는 영적 훈련이 있다면, 그 훈련은 정말 중요한 부분을 등한시하는 것이다. 윌리엄 로William Law는 몸을 훈련시키는 것이 거룩한 삶을 사는 데 필수적이라고 했다. 우리가 몸의 주인이 되느냐 몸이 우리의 주인이 되느냐에 따라 몸은 우리의 친구도 적도 될 수 있다.

여섯째, 일찍 일어나야 한다. 영적 생활 훈련의 또 한 가지 요소는 이른 아침을 거룩하게 하는 것이다. 동트기 전에 일어나 아침을 깨우는 것이 삶의 중요한 부분이 되어야 한다. 지나친 수면은 영혼을 느슨하고 게으르게 만든다.

일곱째, 되돌아보며 살아야 한다. 성경은 경건에 이르는 연습을 하라고 말하는데(딤전 4:7), 이것은 우리가 얼마나 발전했는지 얼마나 뒤처졌는지 돌아보는 시간을 전제로 한다. 분별 있는 '자기 성찰'은 기독교의 본질적인 요소다. 우리가 현재 자기 모습을 점검하지 않는다면 수년이 지나도 아무런 성장도 이루지 못할 것이다. 모범적인 신앙인들은 매일 저녁 성찰의 시간을 가지면서 그날 할 일을 자신의 영적인 목표에 비추어보았다. 생일을 맞이할 때마다 자신의 삶의 소명과 영적 성장을 자세히 돌아보는 사람도 있다.

영적 성숙은 어떤 의미에서 작은 선택들의 결과다. 삶 속에서 이루어지는 수많은 선택은 영적 훈련의 과정이다.

72
성탄절에는 왜 산타클로스가 선물을 가지고 오는가?

■ 많은 사람이 산타클로스를 신화로 여기고 있다. 그러나 실제로 산타클로스의 모델이 있는데 성 니콜라스 St. Nicholas라는 사람이다. 그는 초기 기독교의 감독(주교)으로서 소아시아의 한 도시를 관할하고 있었다. 그는 어린 시절에 탁월했고 젊은 나이에 교회 고위직에 선발되었다. 그는 어린이들과의 관계에 특별한 애정을 가지고 있었다. 또한 그의 품성이 너그러웠기 때문에 많은 교회당이 그를 기념하는 뜻에서 봉헌되었다.

러시아는 그를 수호성인으로 삼았다. 사도들의 이름보다 그의 이름을 따라 명명한 교회당이 더 많았다. 그 밖에 벨기에에 300여 교회, 로마에 60여 교회 그리고 영국에 400여 교회가 있다.

사람들은 네덜란드의 선원들이 그 감독의 너그러운 성품을 유럽에 전해주었다고 생각한다. 네덜란드의 어린이들은 12월 6일에 특별한 선물을 받았기 때문이다. 그의 이름이 산타클로스로 바뀐 것은 쉽게 이해되지만, 오래전의 신실한 성인이 어떻게 성탄절의 분위기를 사로잡는 뚱뚱하고 유쾌한 인물이 되었는지를 알아보는 것은 쉽지 않다.

네덜란드 사람들이 뉴 암스테르담(오늘의 뉴욕)에 정착했을 때 그들은 성 니콜라스의 전설을 가져왔다. 비록 개신교도들이었지만 그들은 최초의 교회를 성 니콜라스 회중교회라고 이름 붙였다. 하지만 미국에서 성탄절이 법적으로 인정받은 것은 1856년이다.

대부분의 사람들은 미국의 수필가·소설가인 워싱턴 어빙에 의해 산타클로스가 빨간 옷을 입고 흰 수염을 기른 유쾌한 네덜란드인으로 묘사된 것으로 알고 있다. 한편 1822년 미국의 클레멘트 무어라는 치과의사는 「성 니콜라스의 방문」이라는 시를 발표했다. 여기서 산타는 여덟 마리의 순록이 끄는 썰매를 타고 크리스마스 전날 선물을 주러 다니는 요정처럼 묘사되었다. 이때까지만 해도 산타는 굴뚝을 드나들 수 있을 정도로 작았다. 그러나 1862년 독일계 미국 이주민이었던 만평가 토마스 내스트Thomas Nast는 미국의 주간지 『하퍼스 위클리』에 산타를 배가 나온 뚱뚱한 사람으로 바꿔놓았고 북극에 사는 사람으로 묘사했다. 한동안 산타의 옷은 화가에 따라 푸른색, 녹색, 흰색 등 다양하게 묘사됐다.

그 후 산타클로스의 복장은 미국의 해돈 선드블롬Hadaon Sundblom이 코카콜라 광고에서 그린 그림으로 대중화됐다. 산타클로스는 붉은 모자를 쓰고 붉은 옷을 입은 모습으로 나오는데, 이는 1931년에 코카콜라 회사가 겨울철 콜라 판매량이 급격히 감소하자 이를 막기 위한 홍보 전략으로 시작됐다. 미국의 해돈 선드블롬이 코카콜라 광고에서 산타클로스에게 붉은색 옷을 입히고 백화점 홍보에 나선 것이다.

산타클로스가 성탄절의 중심인물이 된 것은 유감스러운 일이다. 성탄절의 상업화에 대해서도 많은 사람이 글을 썼다. 기독교인은 성탄절 본래의 의미를 기억하고 이 복된 절기를 맞이해야 할 것이다.

73 독서에도 기술이 필요한가?

■   존 스타인벡John Ernst Steinbeck은 "독서는 인간 정신이 수행해야 할 가장 소중한 노력이며 어려서부터 기울여야 하는 노력이다"라고 말했다. 대문호 괴테도 말하기를, "나는 독서하는 방법을 배우기 위해 80년이라는 세월을 바쳤는데도 아직까지 그것을 잘 배웠다고 말할 수 없다"라고 했다.

독서에도 수준과 단계가 있다. 그림책과 동화 수준에서 인문 교양과 고전 독서의 수준으로 올라가기 위해서는 각 단계와 장르에 맞는 독서법을 알아야 한다. 책의 종류에 따라 읽는 법을 달리해야 하기 때문이다. 뿐만 아니라 읽어야 할 양서는 많고 시간은 제한되어 있기 때문에 독자는 독서의 효율성을 고려하지 않을 수 없다.

독서는 고도의 정신 활동이다. 독서는 단순히 책을 읽고 문자를 해독하는 과정만이 아니다. 독자와 책이 만나고, 독자의 삶과 저자의 사상이 해후하는 것이 독서다. 독서 과정에서 저자가 의도하는 바가 그대로 전달되기도 하지만, 때로는 심히 굴절되어 전달되기도 한다. 여기에는 독자의 경험, 성격, 심리적 특성 등이 크게 작용한다. 같은 저자가 쓴, 특정한 어떤 글에 대하여 독자의 반응이 종종 다르게 나타나는 것도 바로 이 때문이다.

독자가 글의 내용을 주관적으로, 또는 자기의 개인적인 삶의 의의에만 맞추어 편협하게 받아들이는 것은 바람직한 독서가 아니다. 글은 객관적, 개방적으로 읽어야 한다. 누구나 수긍할 수 있는, 보편적인 인식에 바탕을 두고 '의미'를 포착해나갈 때 바람직한 독서가 이루어질 수 있기 때문이다.

독서법 중에 SQ3R독서법이 있다. 학습과 기억의 심리학에서 이루어진 연구 결과를 토대로 하여 설계된 고급 독서술이다. 이 방법은 훑어보기^{Survey}, 질문하기^{Question}, 읽기^{Reading}, 되새기기^{Recite}, 검토하기^{Review}와 같은 5단계로 이루어진다.

훑어보기에서는 책의 제목과 목차, 삽화, 그림, 표 등을 슬쩍 보고 읽을 책의 주제를 추론해보되 3~5분 이내에 한다.

질문하기에서는 읽을 책과 관련된 질문을 만들어 책의 내용을 예측한다. 즉 "이 책은 어떤 내용의 책인가?", "제목은 어떤 뜻을 내포하고 있는가?", "저자가 이 책을 쓴 목적은 무엇인가?" 등의 질문을 한다.

읽기에서는 예측한 것이 맞는지를 확인하면서 꼼꼼히 읽는다. 따라서 분석적으로 읽고, 저자의 주장이나 관점이 타당한지 등을 생각하면서 비판적으로 읽는다. 읽을 때는 표면적으로 드러나는 것도 중요하지만 그 속에 내포된 의미를 파악하는 것이 더 중요하다.

되새기기에서는 책의 내용을 단순히 암기하기보다는 중요한 내용이 무엇인지 되새겨본다. 읽는 중에 대답에 필요한 내용은 메모하거나 시각화한다. 메모는 자신의 용어로 만들어야 하고, 자기 나름대로 어떤 요점이 포함되어 있는지를 알 수 있을 정도인 주제어나 주제구로만 작성한다.

끝으로 검토하기에서는 지금까지 자기가 읽은 것을 검토한다. "잘못 읽은 부분은 없었는가?", "자신이 제기한 질문은 타당했으며, 답은 정확하게 예측했는가?" 책의 중요한 요점과 요점들 간의 상호 관계를 파악할 수 있도록 메모를 훑어본다. 또한 메모한 전체 내용을 읽고 책 전체의 주제를 회상해본다.

독서는 정신적 자립과 평생 학습의 길이다. 그리고 독서 습관은 평생을 좌우한다. 글을 읽을 줄 알아야 복잡한 정보를 습득하고, 자신의 꿈을 추구하면서 수준 높은 삶을 살 수 있기 때문이다. 수준 높은 글을 읽을 수 있는 독서 능력과 독서 기술은 독자의 정신세계를 열어주고 보다 폭넓은 삶을 살 수 있도록 이끌어준다.

74
왜 나는 기도를 어려워하는가?

■ 　　신앙생활을 오랜 한 사람도 기도 순서를 맡으면 긴장하게 된다. 어쩌면 당연한 반응이다. 거룩하신 하나님 존전에 나아가는 일이 어찌 가벼운 일이겠는가.

청교도 토마스 왓슨은 "기도는 하늘에 계신 아버지의 품 안에서 영혼이 호흡하는 것이다"라고 했다. 기도가 영혼의 호흡이라는 말은 귀에 익은 표현이다. 하지만 한국 교회의 경우 기도의 현실은 하나님과의 교제 측면보다 '부르짖어' 응답받는 쪽에 강조를 두는 경향이 강하다.

기도는 '요구하는 것' 이상이 되어야 한다. 기도는 기본적으로 하나님과의 사귐이기 때문이다. 우리에게 필요한 것은 의무감을 넘어서 기쁨으로 드리는 기도다. 그리고 '어떻게' 기도하는 것보다 '누구에게' 기도하는가가 중요하다.

사실 기도에 어려움을 느끼는 중요한 이유 가운데 하나는 우리가 기도의 대상인 하나님에 관하여 잘 모른다는 점에 있다. "우리가 누구에게 기도하고 있는가?"를 분명히 해야 한다. 이것이 바른 기도의 출발점이다. 진정한 기도는 '하나님 아버지'를 향한 기도다.

기도는 우리 자신이나 다른 이들을 의식하는 것이 아니라 하나님께로 향하는 것이 되어야 한다. 예수님 당시에 많은 바리새인들은 칭찬과 박수를 받고자 기도했다. 사실 그것은 기도가 아니라 가증한 종교적 위선이었다.

필립 얀시는 기도가 "하나님께 가는 가장 쉽고도 가장 어려운 길"이라고 했다. 그는 『기도』라는 책에서 질문을 던지고 답을 한다. 그의 질문은 "왜 기도하는가?", "하나님은 기도를 들으시는가?", "신체의 질병을 고치는 데 기도가 정말 도움이 되는가?", "왜 하나님이 때로는 가까이, 때로는 멀리 떨어져 계신 것처럼 느껴질까?", "주님이 모든 걸 다 알고 계시는데 굳이 기도해야 할까?", "응답 없는 기도, 누구의 탓인가?", "기도가 하나님의 뜻을 바꾸는가" 등이다.

필립 얀시에 따르면 기도에는 '노출'의 측면이 있다고 한다. 우리는 기도할 때 가장 깊고 은밀한 부분까지 남김없이 드러내고 있는가? 그렇기만 하다면 참다운 자신을 찾을 수 있을 것이다. 삶의 시시콜콜한 구석을 모두 보여드리는 것 자체가 주님께 기쁨이라고 그는 말한다. 이와 관련하여 아브라함 요수아 헤셀은 "하나님을 볼 수는 없지만 하나님께 우리를 보여드릴 수는 있다"라는 명언을 남겼다.

우리는 자기 자신에게 이렇게 물어야 한다. 우리는 한 점 꾸밈없는 모습으로 하나님께 나아가는가? 아침마다 창조주의 사랑을 받는다는 사실에 감격하며 자리에서 일어나는가? 필립 얀시는 "진정한 자아가 하나님의 사랑을 받게 하는 것이야말로 기도의 가장 중요한 목적이다"라고 말한다.

기도의 형식은 변한다. 그러나 기도의 본질은 언제나 '대화'에 있다. 기도는 하나님과의 사귐에로 나아가야 한다. 기도는 우정의 수준까지 이르러야 한다. 아브라함은 하나님의 친구였다. 기억하라! 우리의 대화 상대는 은하계를 펼치고 세상 만물을 창조하신 분이다.

성경주석가 매튜 헨리 목사는 우리의 기도가 "쉽고도 자연스럽고 꾸밈이 없어야 한다"라고 했다. 이제 어떤 상황에서나 '골방'에 들어가자. 마음만 먹으면 천하가 기도실이다.

"응답받는 기도가 되려면 하나님의 뜻과 마음의 간절함이 조화를 이루어야 한다." —존 트랩

75
왜 나는 예배에 집중하지 못하는가?

■　전 세계적으로 찬양 워십과 음악사역 부분에 가장 큰 영향력을 끼치고 있는 워십 리더 달린 첵Darlene Zschech에 따르면, 참 예배는 하나의 영이 하나님의 영과 사랑으로 연결될 때, 그리고 한 존재의 중심이 그분을 사랑하여 그분 안에 빠질 때 이루어지는 것이다. 예배의 핵심은 사람의 마음과 영이 그리고 그 안의 모든 존재가 하나님을 사랑하여 그분과 연결될 때 이루어진다는 것이다.

예배는 우리 자신을 전적으로 주님께 드리는 것이다. 예배는 하나님의 마음, 생각, 뜻을 향한 우리의 마음과 생각, 우리의 뜻의 움직임이다.

예배는 삶의 방식이다. 삶의 방식으로서의 예배란 하나님을 향한 넘치는 사랑의 삶을 사는 것이다. 성경 속의 모든 이야기를 통해 보면, 누군가가 넘치는 예배를 표현할 때마다 하나님께서는 넘치는 축복으로 응답해주셨다. 진실함, 성실함, 정직함, 순종 그리고 진리는 넘치는 예배 체험을 위한 키워드다. 우리는 예수님을 진실로 사랑하는 예배자로서, 우리의 예배에 진실해지고 일심으로 하나님께 순종하며 사랑해야 할 필요가 있다.

우리는 찬송을 부를 때 성삼위 하나님께 집중해야 한다. 우리가 갖고 있는 찬송가에는 '찬양과 경배'로 분류된 찬송이 있다. 성부, 성자, 성령으로 분류된 찬송가도 있다. 우리는 이러한 찬송을 부르며 이렇게 고백하는 것이다. "주 하나님께서는 영광과 존귀와 능력을 받으시기에 합당하십니다."

하나님께서는 구원받은 백성의 찬송 가운데 좌정하신다. 우리가 드리는 찬양이 불완전해도 하나님께서는 사랑에 가득 찬 심령으로 부를 때 그 가운데 임재하시고 그 찬송 중에 거하신다. 하나님께서 그분의 모든 충만하심으로 우리의 찬양 속에 거하시고 머무르신다는 것은 놀라운 일이다.

예레미야 버로우즈Jeremiah Burroughs는 "사람들이 경박하게 하나님께 예배드리는 이유는 그들이 영광 중에 계신 하나님을 뵈옵지 못하기 때문이다"라고 말했다. 18세기에 조나단 에드워즈는 "어떤 존재를 사랑하고 존경하고 순종해야 하는 의무는 바로 그 존재의 사랑스러움과 명예와 권위에 비례한다"라고 했다. 에드워즈에 따르면, 하나님은 무한한 사랑스러움과 무한한 명예와 무한한 권위를 지니신 분이므로 하나님을 사랑하고 존경하고 순종해야 하는 우리의 의무 또한 무한하다.

이사야는 하나님에 대한 환상을 본 후에야 하나님을 향하여 그의 악함을 고백했다. 욥은 왕 되신 하나님을 뵈었을 때 그 자신을 혐오했고, 굵은 베를 입고 재를 무릅쓰고 회개했다. 하나님의 거룩하심을 주목하고 그의 영광을 항상 응시하기 위해 우리에게 필요한 것은 장엄한 광채 중에 계신 하나님을 뵈옵는 것이다.

청교도 리처드 스틸Richard Steele은 『흐트러짐』에서 하나님을 예배하는 데 있어서 산만한 생각들이 크게 방해한다고 지적했다. 하나님에 대해 지극히 고상한 생각들이 있을 때 우리는 하나님을 경배하게 된다. 하나님에 대한 되는대로의 통속적인 생각은 부주의한 예배를 낳는다. 하나님의 백성조차도 바르게 예배하지 못하는데 어떻게 다른 사람들이 크신 하나님 앞에서 무릎을 꿇겠는가?

76
왜 나는 즐겁게 공부하지 못하는가?

■   "책이란 정신을 집중하여 수없이 반복해서 읽어야 하는 것이다. 한두 번 읽어보고 뜻을 대충 알았다고 해서 그 책을 그냥 덮어 버리면 그것이 자기 몸에 충분히 배지 못할 뿐만 아니라 마음속에 간직할 수 없게 된다. 이미 알고 난 뒤에도 그 공부가 자기 몸에 깊이 배도록 공부를 더 해야만 비로소 마음속에 오래 간직할 수 있게 된다. 그래야 학문의 참된 뜻을 체험하여 마음에 흐뭇한 맛을 느끼게 되는 것이다." —퇴계 이황

우리나라의 선조들은 공부하는 법에 대해 많은 가르침을 남겼다. 특히 선비들은 공부에 있어서 많은 본을 보였다.

율곡 이이는 잠자리에 들 땐 내일 공부를 생각하라고 했다. 그는

말하기를 "먼저 뜻을 크게 가져야 한다. 성인을 본보기로 삼아서 조금이라도 성인에 미치지 못하면 나의 일은 끝난 것이 아니다"라고 했다. 또한 독서에 관해 이렇게 당부한다. "새벽에 일어나서는 아침나절에 해야 할 일을 생각하고, 밥을 먹은 뒤에는 낮에 해야 할 일을 생각하고, 잠자리에 들었을 때에는 내일 해야 할 일을 생각해야 한다. 일이 있으면 반드시 생각을 하여 합당하게 처리할 방도를 찾아야 하고, 그런 뒤에 글을 읽는다. 글을 읽는 까닭은 옳고 그름을 분간해서 일을 할 때 적용하기 위한 것이다. 만약에 일을 살피지 아니하고 꼿꼿이 앉아서 글만 읽는다면 그것은 쓸모없는 학문을 하는 것이 된다." 이이는 『격몽요결擊蒙要訣』 첫머리에서 "처음 배우는 이는 모름지기 먼저 뜻을 세우되, 반드시 성인이 되기를 기약할 것이요, 추호라도 스스로를 적게 여겨서 움츠러들어서는 안 된다"라고 했다.

우암 송시열은 세상이 시끄러워도 공부를 멈추지 말라고 했다. 그의 말이다. "내 나이 열네 살 때 『맹자』를 읽기 시작했다. 처음에는 그 뜻이 쉬워 기뻐하면서 날마다 공부했다. 그런데 「호연지기」 장에 이르자 무슨 말인지 도무지 알 수 없었다. 보면 볼수록 더욱 견고해지는 나무토막 같았고, 때로는 이마에 진땀이 나기도 했으며 짜증이 나기도 했다. 열일곱 살이 되자, 글은 더욱 어려웠고 남들보다 노력을 들이지 않음을 탄식하여 문을 걸어 잠그고 오백 번이나 읽어 글이 입에 쉽게 붙었다. 그러나 그 뜻은 끝내 깨달을 수 없었다."

연암 박지원은 "잘 모르는 대목이 있거든 반복해서 볼 것이지 그냥 넘어가서는 안 된다"라고 했다. 또한 "책을 대할 때 하품을 해서는 안 되고, 기지개를 켜서는 안 되고, 침을 뱉어서는 안 된다. 재채기가 나올 것 같으면 고개를 돌려 책을 피해야 한다. 종이를 넘길 때에는 침을 발라서는 안 되며, 손톱으로 표시해서도 안 된다"라고 했다. 남에게서 빌린 책이라도 찢어진 종이가 있으면 붙여주고, 책을 묶은 실이 끊어졌으면 수선해서 돌려주어야 한다고 가르쳤다. 그는 선비가 독서를 하면 그 은택恩澤이 천하에 미친다고 했다.

다산 정약용은 어릴 때부터 체계적으로 공부하라고 자녀들을 가르쳤다. "우리는 폐족廢族이다. 폐족이 글을 읽지 않고 몸을 바르게 행하지 않는다면 어찌 사람 구실을 하랴." 특히 그는 유배지에서 편지를 써서 독서 계획과 독서 발췌에 관하여 가르쳤다. "나는 소싯적에 새해를 맞을 때마다 꼭 일 년 동안 공부할 과정을 미리 계획해보았다. 예를 들면 무슨 책을 읽고 어떤 글을 뽑아 적어야겠다는 식으로 작정해놓고 꼭 그렇게 실천했다."

즐겁게 공부하지 못하는가? 우리는 옛사람의 가르침에서 배울 바가 많다.

77

왜 성품이
자녀의 인생을 결정하는가?

■　우리의 자녀들은 인생을 살아갈 수 있는 준비가 되어 있는 가? 삶에 어떠한 일이 닥쳐온다고 해도 그 일을 직면하고 굳게 설 수 있는 성품의 소유자인가?

우리는 우리 자녀들이 행복하기를 바란다. 그러나 자녀의 행복 자체가 우리의 일차적인 목표가 되어서는 안 된다. 왜냐하면 그 결과는 결국 한 명의 이기적이며 불행한 사람을 낳게 되기 때문이다. 우리 인생의 목표는 그리스도 중심의 가치관에 깊이 뿌리를 내리고 확신에 거하는 사람이 되어 하나님 앞에서 성실한 삶을 살며 다른 사람들을 섬기며 사는 것에 있다. 그러므로 부모로서의 우리의 책임은 우리 자녀들이 하나님을 기쁘시게 하는 이런 삶을 사는 데 필요한 성품을 갖도록 양육하는 것이다.

성품은 사람의 도덕적 골격, 즉 행동 양식을 통해서 나타나는 한 개인의 내적인 본질이다. 바꾸어 말하면 성품은 한 사람이 고결한 행동을 하는가 못하는가를 결정하는 본질을 의미한다. 그것은 주위에 아무도 없을 때, 아무도 보지 않을 때, 그리고 아무도 모를 우리의 벌거벗은 본모습인 것이다. 일반적으로 원칙 있는 성품의 사람은 어린 시절부터 반복적으로 가르침을 받아 형성된 도덕적 가치관에 따라 일관성 있는 삶을 살아간다.

부모는 자녀에게 어떤 성품을 기대하는가? 예를 들면 그것은 성실함, 사랑, 겸손한 마음, 용기, 믿음 등이다.

성실하게 산다는 것은 높은 기준을 갖고 사는 것을 말한다. 완벽한 인간이 된다는 것은 불가능한 일이지만 온전함, 정직함, 일관성, 도덕적 순수를 추구하며 실패했을 때에도 솔직하게 인정하는 것을 할 수 있다. 성실한 사람은 실패했을 때에도 교묘히 위장하거나 변명으로 돌려대는 일 따위는 하지 않는다. 이런 성실함을 본성으로 삼는 것이 우리와 자녀들을 위한 목표가 되어야 한다.

사랑의 성품은 연민의 마음을 갖고, 다른 사람을 향한 동정심을 느끼고, 그로 인해 무언가를 행하는 것을 의미한다. 겸손한 마음은 지적인 면에서, 도덕적인 면에서, 영적인 면에서 자신이 온전하지 않다는 깨달음에서 시작된다. 우리 중 누구도 완벽한 사람은 없다. 그러므로 지혜로운 사람은 성장을 갈망하며 누구에게서든 배우고자 하는 자세를 가진 사람이다. 만일 우리가 겸손한 마음을 갖기를 원한다면 우리는 모든 사람이 가치가 있는 사람이란 사실을 다시 한 번 되새겨야만 할 것이다. 우리가 이런 생각으로 살 때 우리는 모든 사람에게서 배우고자 하는 열린 마음을 가지게 되는 것이다.

"자기 성찰 후에도 자신에게서 아무런 잘못을 발견할 수 없다면 하나님의 자비를 구해야 할 것이다. 왜냐하면 그는 대단히 위험한 자기기만에 빠져 있기 때문이다." C. S. 루이스의 말이다. 진실로 위대한 사람인지를 확인하는 첫 번째 시험 과목은 겸손이다.

우리의 일상에서 표현되는 용기란 그만두고 싶은 지루한 일을 끝까지 해내는 것이며, 헤어지고 싶은 결혼생활을 끝까지 견디는 것이며, 겁이 나는 비행기에 올라타는 것이며, 거절을 당할지 모르는 대상에게 손을 내미는 것이며, 인기를 잃을 줄 알면서 소수의 편에 서는 것이다.

가정은 성품이 피어나는 정원이다. 하나님은 위대한 정원사이시다. 그분은 우리가 스스로 완벽한 모습이 될 수 없음도, 자녀를 하나님이 원하시는 성품을 가진 자로 키울 수 없음도 알고 계신다. 그 일은 오직 하나님만이 하실 수 있다. 우리가 할 일은 가정을 일구며 씨앗을 뿌리고 나무를 돌보는 일이다. 나무를 키우는 일은 위대한 정원사인 하나님이 하신다.

성품이란 우리가 저절로 가지게 된 것을 자녀들에게 물려주는 그런 것이 아니다. 평생에 걸쳐서 가꾸고 키워야 하는 것이 바로 성품이다. 그런 목표를 이루기 위해서는 구체적인 방법이 필요하다. 부모로서 우리가 해야 할 일은 우리 자녀들이 좋은 성품을 갖도록 함께 훈련하는 것이다.

78
아들 키우기, 무엇이 문제인가?

■ 교육학자들은 다양한 자녀 양육 지침서들을 내놓았고 지금도 계속 나오고 있다. 수년 전에 나온 『양육쇼크』는 말 그대로 많은 부모들에게 '쇼크'였다. 기존의 양육 지침을 뿌리부터 흔들었기 때문이다. 이 책은 전 세계 60개국 7000명의 과학자들의 자녀 양육 연구 결과를 담아낸 자녀 양육 지침서다.

"자녀 양육에 열심인 부모들 밑에서 자란 아이들이 왜 점점 더 공격적이고 잔인한 모습으로 성장하는 것일까?"라는 질문을 던지는 이 책은 오늘날 자녀 양육 전략의 상당수가 과학적 연구 성과를 간과하고 있는 실패작임을 과감하게 증명한다. 그리고 놀라운 통찰력으로 획기적인 자녀 양육법을 제안한다. 예를 들면 칭찬의 역효과, 수면 부족이 아이에게 미치는 영향, 아이들의 거짓말, 그리고 영재 유치원이 아이에게 미치는 영향 등을 진지하게 탐구한다. 그뿐만 아니라 아이들의 자제심에 대해 성찰하고 아이들과 잘 노는 법을 소개하고, 아이들이 감사하는 마음과 행복감 등 긍정적인 심리를 느끼지 못하는 이유를 분석하고, 아이의 지혜를 기를 수 있는 방법을 제시한다.

사실 모든 아이들은 다 다르다. 따라서 아이들의 수만큼 양육서가 필요하다는 말도 일리가 있다. 하지만 부모 입장에서는 누군가 지혜로운 멘토가 되어주었으면 하는 바람도 있다.

주위에 보면 아들만 둔 가정도 있다. 기독교 가정이라면 아들을 참 남자다운 남자로, 하나님의 일꾼으로 키우기 원할 것이다. 그런데 아들을 키우고 있는 엄마들도 남자가 어떤 존재인지, 어떻게 키워야 아들을 하나님께서 만드신 참모습의 남자로 키우는 것인지 잘 모른다. 남자인 아들을 이해하지 못해서 많이 힘들어 하고, 또한 실수도 많이 한다.

엄마의 입장에서 아들을 남자로 이해하는 데는 남다른 노력이 필요하다. 그리고 성서는 이 점에 있어서 지혜를 준다. 성서에 등장하는 남자들을 유심히 관찰하면 남자에 대한 시각을 많이 교정할 수 있다. 그리고 아들에 대한 엄마로서의 시각도 많이 달라진다.

최에스더 사모는 『성경으로 아들 키우기』에서 아들을 남자답게 키우려면 아들을 데리고 밖으로 나가야 한다고 말한다. 또한 아들 스스로 장난감을 고를 때 총 대신 블록을, 칼 대신 퍼즐 고르기를 강요하지 말아야 한다! 여자인 엄마의 눈에는 폭력이나 남자의 눈에는 본능이다. 대신 절제를 가르치는 좋은 기회로 삼는 것이 좋다.

아들을 미래의 좋은 남편으로 성장시키려면 부모는 안정적인 부부애를 아이들에게 보여주기 위해 노력해야 한다. 아들을 하나님의 사람, 주님의 청년으로 키우기 위해 신앙 위인전기를 함께 읽어야 한다. 아들이 앞으로 믿음의 백발노인이 되기 위해 아무리 어린아이라도 노인을 공경하는 것을 가르쳐야 한다. 아들이 교회를 사랑하게 하기 위해 아이들의 교회생활에 학교생활만큼의 관심을 갖도록 지도해야 한다. 주일 예배만 드리는 아이는 교회생활의 참 기쁨을 맛보기 어렵다. 1년에 몇 번은 온 가족이 함께 예배드리는 특별한 날을 정하는 것도 좋다. 아빠의 찬송 소리, 엄마의 기도하는 모습은 아이들의 머릿속에서 지워지지 않고, 그들을 교회로 이끌 것이다.

79
유태인은 자녀를 어떻게 양육하는가?

■   미국의 유명 대학교수 중 30퍼센트, 미국의 노벨상 수상자의 24퍼센트, 미국을 움직이는 30명의 인물 중 5명이 유태인이다. 이러한 유태인의 두뇌는 어디에서 근원하는 것인가?

유태인을 이해하기 위해서는 그들의 종교와 교육을 알아야 한다. 그들의 종교는 교육과 밀접한 관계여서 교육과 종교를 나누어서 생각할 수 없다. 그들 교육의 근본은 신앙을 기초로 한 정신교육에 있다.

유태인의 교육 방법과 그 지향하는 바는 구체적으로 무엇인가? 다음과 같이 요약할 수 있을 것이다.

첫째로, 유태인의 교육은 학생이나 자녀를 한 인격체로 보고 대우한다. 그리고 그들은 자녀를 자신의 소유물로 보지 않는다. 그래서 그들은 자녀의 자립심을 키우는 데 집중한다.

유태인의 가정교육은 개성을 최대한으로 존중하고 그것을 더욱 신장시키는 데 중점을 둔다. 개성을 길러주는 책임은 가정과 학교와 모든 교육에 있다. 이를 통하여 자아를 실현하게 되는 것이다. 고등교육을 받은 유태인은 적어도 3~4개 국어를 한다. 문화적 전통에서 보면 이는 세계 각지로 흩어진 유대 민족이 생존하기 위해서 먼저 그곳의 언어를 배우지 않을 수 없었던 것이다. 그들은 가정교육을 통해 자녀의 어학 실력을 향상시켰다. 또한 그들의 교육은 바로 여호와에 대한 의무라고 생각한다. 오로지 교육에 소망을 건 민족인 것이다.

유태인의 교육은 가정, 학교, 교회가 혼연일체가 되어 각기 맡은 바 교육의 기능을 수행하는 데 특징이 있다. 오히려 그들은 가정교육을 학교교육보다 상위에 두고 있다. 학교에서는 지식을 배우지만 가정에서는 지혜를 배운다. 지혜는 판단력이다. 그 판단력은 지식을 습득하기 전에 길러져야 할 기초 능력이다.

둘째로, 그들의 교육은 자녀들의 재능을 계발하고 창의력을 신장시키는 데 목표를 두고 있다. 무엇보다도 인간성 교육(전인교육)을 강조한다. 따라서 인성, 창의력 그리고 지혜에 초점을 맞추고 있다.

이스라엘에서는 아이들 교육의 모든 초점을 창의력을 계발하고 지혜를 키우는 데 맞추고 있다. 그리고 거기에 빼놓을 수 없는 것이 하나 있다. 바로 인성 교육이다. 그들은 인격을 형성하는 시기에 가정에서나 학교에서 결코 학과 성적에 관심을 갖지 않는다. 무엇보다도 아이들의 성격이나 창의력, 정신 자세에 깊은 관심을 기울인다. 그러므로 그들은 자연스럽게 천재가 되는 기초를 다지고 있는 셈이다. 그것도 인류 발전에 공헌하는 천재를 만드는 것이다. 그들이 생각하는 천재는 우리가 생각하는 천재와 개념부터 다르다. 기억력의 천재, 아이큐가 높은 천재란 뜻에서 천재가 아니라 하나님이 주신 재능을 천재로 생각하는 것이다.

셋째로, 그들의 교육은 가정교육에서부터 시작하고 있다. 진정한 가정교육을 위해서 아버지의 교육적인 권위가 필요한데 유태의 가정에서는 아버지가 절대적인 권위를 가지고 있다. 유태의 아버지는 권위를 자녀의 교육을 위해 십분 활용한다. 유태 가정에서 안식일이 철저하게 지켜지는데, 아버지들은 그날을 자녀들과 함께 지내는 시간으로 정한다. 자녀를 한 명씩 자기의 방으로 불러 일주일간 있었던 일들을 전해 듣고, 학교 진도 점검, 『탈무드』에 있는 이야기를 해주며 30분 정도를 할애한다. 어머니의 역할도 중요하다. 유태인 어머니들은 항상 "남보다 뛰어나려고 하지 말고 남과 다르게 되라"고 주문한다. 유태인의 어머니들은 아이가 다른 아이보다 무엇을 잘하는가 찾으려 하지 않고 무엇이 다른가를 찾아내어 그것을 키워주려고 노력한다.

그리고 종교 교육은 반드시 어머니에 의해 전수된다. 유태인 어머니의 중요한 의무 중 하나는 베드사이드 스토리^{bedside story}를 들려주는 일이다. 잠자리에서 듣는 책 이야기는 완전한 표현 방식을 습득하는 지름길이 된다. 어머니에게서 듣는 스토리를 통해 여러 가지 개념을 배우게 된다. 즉 추리력, 상상력, 비판력, 창의력과 같은 고등정신 능력의 발달이 이뤄지는 것이다.

유태인의 어머니는 어린이의 심리, 즉 칭찬과 격려를 잘 활용하여 배움의 즐거움을 체험시킨다. 수수께끼를 이용한 교육 등이 그 예다.

80 좋은 습관, 왜 중요한가?

■ 인간은 날 때부터 습관을 가지고 태어나는 것은 아니다. 그래서 습관이란 후천적 조건으로 결정되는 행동이며 사고라 할 수 있다. 인간의 실생활은 대부분 습관에 의해 반복적으로 일어난다. 상담가 G. 로이드 레디거^{G. Lloyd Rediger}에 따르면, 일단 좋지 못한 습관을 제거하고 나면 좋은 습관을 갖기 시작할 수 있다고 한다.

유명한 작가 오그 만디노는 이렇게 말했다. "진실로 실패한 사람과 성공한 사람의 차이는 단지 그들의 습관에 있다. 좋은 습관은 모든 성공의 열쇠다. 나쁜 습관은 실패로 가는 문이다. 그러므로 무엇보다 우리가 지켜야 할 제1의 법칙은, 좋은 습관을 만들어 좋은 습관의 노예가 되는 것이다."

모든 성공한 사람들의 공통점이 하나 있다. 바로 좋은 습관을 바탕으로 한 일상생활을 하고 있다는 것이다. 습관은 그렇게 중요하다. 일상적인 행동의 90퍼센트는 습관을 바탕으로 이루어지기 때문이다.

우리가 매일 행동하는 것의 90퍼센트가 습관이라면, 우리의 삶을 효과적으로 변화시키는 유일한 방법은 습관을 바꾸는 길밖에 없다. 습관은 모든 위대한 사람의 충복忠僕이며, 동시에 모든 실패자의 충복이기도 하다. 습관은 위대한 사람을 더욱 위대하게 만든다. 실패자는 더욱 실패하도록 만든다. 습관을 통해 이익을 얻을 수도 있고, 파멸할 수도 있다.

아리스토텔레스는 기원전 350년경에 이렇게 주장했다. "미덕을 만드는 것은 정당하고 절도 있는 행동으로 이루어진 습관이다." 또 윌리엄 제임스는 "습관은 사회를 움직이는 거대한 바퀴다. 우리 모두는 어린 시절의 선택이나 교육을 통해 획득한 습관을 바탕으로 인생의 전투에 나서며, 다른 대안이 없기 때문에 못마땅해도 그대로 살아간다"라고 했다.

습관을 바꾸기가 왜 그렇게 어려울까? 우리의 무의식 깊숙한 곳에 들어와 있기 때문이다. 그렇기 때문에 의식적인 의지만으로 습관을 바꾸기는 거의 불가능하다. 무의식 부분은 일종의 저장 공간이다. 과거의 경험이 존재하는 곳이다. 기억, 느낌, 신념, 가치 그리고 습관이 무의식을 구성한다. 어린 시절에 형성된 습관(특히 유아기에 형성된 것)은 바꾸기가 어렵다. 또한 오랫동안 갖고 있던 습관(더 많이 반복되었던 것)은 바꾸기가 더 어렵다.

어떤 사람에게 손톱을 깨무는 나쁜 습관이 있었다. 이 습관은 어린 시절부터 있었던 것이며, 20대가 되어서도 고치지 못했다. 아주 오랜 습관이었기 때문에 이것을 고치는 데 거의 5개월이나 걸렸다고 한다. 좋은 습관을 깊이 자리 잡도록 하라. 그러면 쉽게 바뀌지 않는다.

습관은 왜 중요한가? 우리의 미래를 결정하기 때문이다. 성공한 사람이 보통 사람보다 반드시 더 뛰어난 능력을 갖춘 것은 아니다. 다만 이들은 더 많이 노력하고, 연습하고, 준비하는 습관을 갖고 있다. 성공한 사람이 천성적으로 다른 사람보다 의지가 굳고 더 열심히 노력하는 것은 아니다. 다만 인내하고 노력하며 효과적이고 체계적으로 학습하고 일하는 습관을 가지고 있을 뿐이다.

습관은 유전적 잠재력의 실현 수준을 결정한다. 위대한 발명가 토머스 에디슨은 전구와 축음기, 영사기를 포함해 일생 동안 1093개를 발명했다. 에디슨은 진짜 천재였다. 그러나 에디슨은 생각하는 습관이 있었기 때문에 가능했다고 말한다. 에디슨은 전구에 가장 적합한 재료를 찾기까지 1만 번이나 실험을 시도했다.

스페인의 위대한 바이올린 연주가 사라사테Sarasate를 어떤 비평가가 천재라고 부른 적이 있다. 그 말을 듣자 사라사테가 즉시 반격을 가했다. "천재라고? 나는 지난 37년 동안 하루에 14시간씩 연습했다고! 그런 것은 생각하지 않고, 사람들은 나를 천재라고 부른다니까." 사라사테는 자신을 19세기의 최고의 바이올린 연주자로 만든 것은 천재성이나 재능이 아니라는 점을 잘 알고 있었다. 그를 만든 것은 매일 쉬지 않고 꾸준히 연습하는 습관이었던 것이다.

래리 버드Larry Bird는 전설적인 농구 선수다. 그를 가장 위대한 농구 선수라고 말하는 사람도 있다. 사실 그는 타고난 운동선수가 아니었다. 뛰어난 재능을 타고난 것도 아닌 그가 어떻게 최고의 자리에 오를 수 있었을까? 정답은 바로 습관이다. 래리 버드는 NBA 역사상 최고의 자유투 슈터였다. 그는 매일 아침 자유투를 500개씩 연습하고 학교에 가는 습관이 있었다.

시카고 대학교의 벤자민 블룸 박사는 유명한 학자와 예술가, 운동선수를 대상으로 5년 동안 조사했다. 분야별로 최고라 불린 20명을 대상으로 인터뷰했다. 또한 조사 대상자의 주변 인물도 인터뷰하여 보충 자료로 활용했다. 이 연구 결과에 따르면, 성공을 이끈 중요한 요소는 타고난 재능이나 능력이 아니라 좌절과 실패에도 불구하고 끊임없이 노력하는 습관이었다.

생텍쥐페리는 "하나의 새로운 습관이 우리가 전혀 알지 못하는 우리 내부의 낯선 것을 일깨울 수 있다"라고 말했다. 토마스 아 켐피스는 "하나의 습관이 다른 습관을 정복한다"라고 했다. 습관은 버리기 어렵다는 말이 있다. 하지만 이 말은 적절하지 않다. 습관은 버려지지 않는다. 다른 것으로 교체될 뿐이다.

『습관의 힘』을 쓴 잭 D. 핫지에 따르면 습관의 총합이자 결과가 바로 일상이다. 우리가 매일하는 행동의 거의 90퍼센트는 습관에 의한 것이다. 좋은 습관은 좋은 결과를 낳는다. 나쁜 습관은 나쁜 결과를 낳는다.

"행동을 뿌리면 습관을 거두고, 습관을 뿌리면 성격을 거두고, 성격을 뿌리면 운명을 거둔다." ―G. D. 보드맨

함께 읽을 책

가난한 시대를 사는 부유한 그리스도인, 로날드 사이더, IVP, 2009.
거짓말을 하는 남자 눈물을 흘리는 여자, 앨런 피즈, 가야넷, 2003.
고문의 역사, 브라이언 이니스, 들녘, 2004.
공자가 죽어야 나라가 산다, 김경일, 바다출판사, 2005.
관계중심 전도, W. 오스카 톰슨 주니어 · 클로드 V. 킹 공저, 생명의말씀사, 2009.
끌리는 사람은 1%가 다르다, 이민규, 더난출판, 2005.
기독교 강요, 존 칼뱅, 크리스챤다이제스트, 2008.
기독교 세계관과 현대사상, 제임스 사이어, IVP, 2007.
기독교와 문학, 리런드 라이켄, 크리스챤다이제스트, 2007.
나는 준비된 전도자, 브라이언 맥클라렌, 미션월드라이브러리, 2004.
넘치는 예배, 달린 첵, 횃셔지엔지비, 2008.
눈물의 섬 강화 이야기, 이덕주, 대한기독교서회, 2002.
록펠러, 이채윤, 미래사, 2006.
모세의 경영전략, 데이비드 배런, 위즈덤하우스, 2000.
미술관에서 만난 하나님, 서성록, 예영커뮤니케이션, 2003.
뿌리 깊은 영성은 흔들리지 않는다, 게리 토마스, CUP, 2004.
생활 속의 매너 ABC, 임혜경, 새로운사람들, 2003.
성령과 기질, 팀 라헤이, 생명의말씀사, 2004.
셰익스피어는 제국주의자다, 박홍규, 청어람미디어, 2005.
습관의 힘, 잭 D. 핫지, 아이디북, 2004.
식물은 왜 바흐를 좋아할까, 차윤정, 지오북, 2009.

신앙의 눈으로 본 문학, 수잔 갤러거, IVP, 1995.
십계명, 스탠리 하우어워스·윌리엄 윌리몬 공저, 복있는사람, 2007.
아랍의 눈으로 본 십자군 전쟁, 아민 말루프, 아침이슬, 2002.
아름다운 빈손 한경직, 김수진, 홍성사, 2010.
알렌의 조선 체류기, 호레이스 N. 알렌, 예영커뮤니케이션, 1996.
양육쇼크, 포 브론슨·애쉴리 메리먼 지음, 물푸레, 2009.
역사와 배, 루츠 붕크, 해냄출판사, 2006.
영성에도 색깔이 있다, 게리 토마스, CUP, 2003.
영화, 그 의미에 길을 묻다, 추태화, 창조문예사, 2005.
영화 속의 문화, 김성곤, 서울대학교출판부, 2004.
예수 안에서 본 미술, 오의석, 홍성사, 2006.
웃음의 과학, 이윤석, 사이언스북스, 2011.
인간 본성에 대하여, 에드워드 윌슨, 사이언스북스, 2011.
인생 실험실, 츠첸보, 예문, 2006.
지상에서 가장 안전한 곳, 래리 크랩, 요단출판사, 2005.
천국만이 내 집은 아닙니다, 폴 마샬, IVP, 2000.
축구와 하나님 나라, 마크 로크스, IVP, 2006.
태도의 경쟁력, 키스 해럴, 푸른숲, 2001.
포스트모던보이 교회로 돌아오다, 돈 에버츠·더그 샤우프 공저, 포이에마, 2008.
프랭클린 자서전, 벤저민 프랭클린, 김영사, 2001.
하나님이 만드신 참 좋은 나, 댄스니드, 예수전도단, 2002.
한국 기독교회사, 민경배, 연세대학교출판부, 2007.
현대 유럽 철학의 흐름, 리처드 커니, 한울, 2009.
화성에서 온 남자 금성에서 온 여자, 존 그레이, 동녘라이프, 2008.
color는 doctor, 스에나가 타미오, 예경, 2003.

예수께 인문을 묻다

© 송광택, 2012

초판 1쇄 인쇄 2012년 5월 25일
초판 1쇄 발행 2012년 6월 11일

지은이	송광택
펴낸이	김동영
편집	황교진 한승희
제작	고성은 김우진
마케팅	조광진 장성준 최금순 박제연 이도은
홍보	전소연
E-사업부	정의범 조미숙 이혜미

펴낸곳	강같은평화
주소	121-840 서울 마포구 서교동 396-33번지
전화	편집부 02) 324-2347 경영지원부 02) 325-6047
팩스	편집부 02) 324-2348 경영지원부 02) 2648-1311
이메일	rivernpeace@jamobook.com
홈페이지	www.jamo21.net

발행처	이지북
출판등록	2000년 11월 9일 제313-2000-188호

ISBN 978-89-5624-392-4(13230)

강같은평화는 이지북의 기독출판 브랜드입니다.
책값은 뒤표지에 있습니다.
잘못된 책은 교환해드립니다.